U0887980

PUHUA BOOKS

我们一起解决问题

餐饮服务行业实战技能提升

“书+课”系列

餐厅员工服务细节培训手册

孙勇兴◎编著

视频讲解版

人民邮电出版社

北京

图书在版编目（CIP）数据

餐厅员工服务细节培训手册 ： 视频讲解版 / 孙勇兴编著. -- 北京 ： 人民邮电出版社, 2022.3（2023.7重印）
ISBN 978-7-115-58529-5

Ⅰ. ①餐… Ⅱ. ①孙… Ⅲ. ①饮食业－商业服务－职工培训－手册 Ⅳ. ①F719.3-62

中国版本图书馆CIP数据核字(2022)第016739号

内 容 提 要

在竞争日益激烈的餐饮行业中，餐饮企业要想持续经营、长期赢利，就必须不断优化经营模式和营销方式，在严格把控食品质量的同时为顾客提供优质的餐饮服务。

本书正是关于如何提高餐饮企业的服务质量的。书中全面介绍了餐厅服务人员的关键工作流程与细节，其中包括餐厅员工岗位职责与工作流程、餐厅服务礼仪规范、餐厅服务操作流程、餐厅菜品销售技能、餐厅服务质量提升、餐厅绿色低碳服务等内容。本书采用“书+课”的形式，不仅针对各种服务细节提供了相应的实战案例，而且随书附赠29节教学视频，以帮助读者快速掌握餐饮服务技巧。

本书适合餐饮企业管理人员、餐厅服务培训人员和餐厅服务人员使用，从而帮助企业迅速提升管理水平和服务能力。

◆ 编　　著　孙勇兴
责任编辑　陈斯雯
责任印制　彭志环

◆ 人民邮电出版社出版发行　　北京市丰台区成寿寺路 11 号
邮编　100164　　电子邮件　315@ptpress.com.cn
网址　https://www.ptpress.com.cn
固安县铭成印刷有限公司印刷

◆ 开本：720×960　1/16
印张：11.25　　　　2022年3月第1版
字数：450千字　　　　2023年7月河北第2次印刷

定　价：59.80元

读者服务热线：（010）81055656　印装质量热线：（010）81055316
反盗版热线：（010）81055315
广告经营许可证：京东市监广登字20170147号

前言
Preface

餐饮行业始终在随着消费者需求的变化而发生改变。中国人从最初的“吃饱”到如今的“吃得健康”“吃出特色”的需求上的变化，充分折射出我国餐饮业发生的巨大变化。与此同时，餐饮企业的经营模式和营销方式也在不断变化升级。

餐饮行业市场竞争激烈。餐饮企业要想拥有一定的良性发展空间，除了要严格把关食品质量之外，还要提供优质的餐饮服务。

餐厅服务是指餐厅服务人员为顾客提供的一种服务。餐厅服务水平直接影响顾客的体验，间接影响着餐厅的声誉。即使后厨人员的烹饪水平很高，制作的饭菜可口、特别，但前台的服务人员不热情、服务不周到，顾客也不会满意。因此，培养员工的优质服务意识、不断优化服务流程和细节至关重要，员工的服务意识和技能提高了，服务质量自然也就提高了。

要想真正提升餐饮行业服务水平，餐饮业的管理者就需要进行系统思考，特别是有一定规模的、连锁型的餐饮企业的管理者。餐饮企业只有用规范的服务流程、标准、细节为顾客提供优质服务，才能真正赢得顾客的认同和喜爱，才能拥有良好的口碑。

《餐厅员工服务细节培训手册》主要介绍了餐厅员工岗位职责与工作流程、餐厅服务礼仪规范、餐厅服务操作流程、餐厅菜品销售技能、餐厅服务质量提升、餐厅绿色低碳服务六个方面的内容，对餐厅员工的日常服务进行了具体细致的讲解与分析。

为了方便读者学习和实践，本书针对各种服务细节提供了相应的实战案例。

本书有助于餐饮企业管理人员、餐厅服务培训人员和餐厅服务人员迅速提升管理和服务水平。此外，本书也适合相关培训机构以及大中院校相关专业的师生阅读使用。

目录
Contents

导　言　顺应时代潮流，提升餐饮服务水平……1

一、新餐饮服务的特征……1

二、新餐饮服务的要求……3

第1章　餐厅员工岗位职责与工作流程……7

餐厅员工必须了解不同类型的顾客的特点，熟悉中餐菜系与酒水的基础知识，掌握餐饮安全卫生基础知识。

1.1　不同类型顾客的特点……9

1.1.1　不同年龄顾客的特点……9

1.1.2　不同性格顾客的特点……9

1.1.3　不同消费类型顾客的特点……11

1.1.4　国内不同地区顾客的特点……11

1.2　中餐菜系基础知识……12

1.2.1　鲁菜……12

1.2.2　川菜……13

1.2.3　粤菜……14

1.2.4　闽菜……15

1.2.5　苏菜……16

1.2.6　浙菜……18

1.2.7　湘菜……19

1.2.8 徽菜........19

1.3 酒水基础知识........20

1.3.1 酒........20

1.3.2 茶........21

1.3.3 咖啡........23

1.3.4 其他饮品........24

1.4 餐饮安全卫生基础知识........25

1.4.1 餐饮业食品安全基础知识........25

1.4.2 餐饮从业人员卫生基础知识........27

1.4.3 餐饮业消防安全知识........28

第2章 餐厅服务礼仪规范........31

服务礼仪是指员工在工作岗位上通过语言、行为等，对顾客表示尊重的规范。规范的服务礼仪，不仅可以帮助餐厅和员工树立良好的形象，而且能使员工获得顾客的理解、好感与信任，从而提高餐厅的竞争力与经济效益。

2.1 餐厅员工的仪容规范........33

2.1.1 头发........33

2.1.2 面容........33

2.1.3 指甲........33

2.1.4 清洁........33

2.2 餐厅员工的着装规范........34

2.2.1 服饰........34

2.2.2 名牌........35

2.2.3 首饰........35

2.2.4 领带........35

2.2.5 鞋........35

2.2.6 袜........36

2.3 餐厅员工的仪态规范......36
2.3.1 标准规范的站姿......36
2.3.2 端庄优美的坐姿......38
2.3.3 自然轻快的走姿......39
2.3.4 优雅稳重的蹲姿......40
2.3.5 大方得体的手势......41
2.3.6 轻松愉悦的交谈......41
2.4 餐厅员工的礼节规范......42
2.4.1 问候礼......42
2.4.2 称呼礼......43
2.4.3 应答礼......44
2.4.4 操作礼......44
2.4.5 迎送礼......44
2.4.6 宴会礼......45
2.4.7 鞠躬礼......45
2.4.8 致意礼......45
2.5 餐厅服务的用语规范......46
2.5.1 问候语......46
2.5.2 征询语......46
2.5.3 感谢语......47
2.5.4 道歉语......47
2.5.5 应答语......48
2.5.6 祝福语......49
2.5.7 送别语......49
第3章 餐厅服务操作流程......51

餐厅统一、规范的服务流程可以限制员工服务的主观随意性，并为主管监督下属提供依据。在服务工作中，餐厅服务员必须根据正确的流程与操作程序，按照合理的步骤为顾客提供服务，从而让顾客满意，并赢得顾客的信赖。

3.1 预订服务流程 53
3.1.1 电话预订服务 53
3.1.2 来客预订服务 54
3.2 餐前准备服务流程 56
3.2.1 中餐厅的餐前准备工作 56
3.2.2 火锅店的餐前准备工作 57
3.2.3 摆台准备工作 58
3.2.4 零点摆台 60
3.2.5 中餐宴会摆台 61
3.2.6 西餐摆台 62
3.3 餐前服务与点菜服务流程 64
3.3.1 迎宾领位服务 64
3.3.2 茶水服务 65
3.3.3 菜单点菜服务 66
3.3.4 扫码点菜服务 68
3.4 餐间服务流程 69
3.4.1 上菜服务 69
3.4.2 火锅服务 70
3.4.3 分鱼服务 73
3.4.4 带骨、带壳和块状菜品服务 74
3.4.5 桌面分菜服务 75
3.4.6 服务桌分菜服务 76
3.4.7 特殊菜肴分菜服务 76
3.4.8 餐中服务 77
3.4.9 自助餐服务 79
3.4.10 西餐宴会服务 80
3.4.11 自助宴会服务 82
3.4.12 团队餐服务 83
3.4.13 鸡尾酒会服务 85

3.5 酒水服务流程 86
3.5.1 白酒服务 86
3.5.2 黄酒服务 87
3.5.3 啤酒服务 88
3.5.4 葡萄酒服务 89
3.5.5 葡萄汽酒服务 90
3.5.6 饮料服务 92
3.5.7 冰茶服务 93
3.5.8 咖啡服务 94
3.6 结账服务流程 95
3.6.1 现金结账服务 95
3.6.2 扫码结账服务 96
3.6.2 扫码结账服务 97
3.6.3 信用卡结账服务 97
3.6.4 支票结账服务 99
3.6.5 抵用券结账服务 100
3.6.6 扫码开票服务 101

第4章 餐厅菜品销售技能 105

如果服务员在顾客点菜时能提供到位的服务并进行恰当的推销，对菜品的销售将十分有利，同时良好的点菜服务对餐厅及时推出创新菜也有帮助。

4.1 巧算价格，灵活推销 107
4.1.1 菜品价格与菜肴档次 107
4.1.2 菜品价格与销量 107
4.1.3 巧妙判断顾客消费档次 108
4.2 观察顾客，因人推销 109
4.2.1 按顾客年龄推销 109
4.2.2 按顾客性别推销 110

4.2.3 按顾客体质推销 111
4.2.4 按顾客类型推销 112
4.2.5 按消费动机推销 113

4.3 不同阶段，区别推销 114

4.3.1 餐前的推销技巧 114
4.3.2 用餐时的推销技巧 114

4.4 拉近距离，情感推销 115

4.4.1 初次见面寒暄 115
4.4.2 与顾客快速交流 116
4.4.3 快速弄清顾客需求 117
4.4.4 与顾客接触的关键点 118

4.5 掌握技巧，快速推销 119

4.5.1 赞美性销售 119
4.5.2 建议性销售 120
4.5.3 组合性销售 121
4.5.4 描述性销售 122
4.5.5 借力性销售 122

第5章 餐厅服务质量提升 125

如今消费者越来越注重服务质量，提高服务质量是餐厅提高销售额、争夺市场、提高经济效益的重要手段。

5.1 尽量满足顾客要求 127

5.1.1 顾客要求自己加工食品 127
5.1.2 顾客自带食品要求加工 127
5.1.3 顾客需要代管物品 128
5.1.4 顾客需要借用充电器 128

5.2 适时推出特色服务 129

5.2.1 提供智能机器人服务 129

5.2.2 提供个性化餐位和菜单 130
5.2.3 时刻留心观察顾客 131
5.2.4 提供超额价值服务 131
5.2.5 提供免费茶水服务 131
5.2.6 提供洗手间里的贴心服务 131
5.2.7 餐桌上的意见卡服务 132

5.3 为特殊顾客提供特别服务 132

5.3.1 为醉酒顾客服务 132
5.3.2 为残疾顾客服务 133
5.3.3 为带小孩的顾客服务 134
5.3.4 为老年顾客服务 135
5.3.5 为熟人或亲友服务 136
5.3.6 为生病的顾客服务 136
5.3.7 为赶时间的顾客服务 137

5.4 对异常情况随机应变 137

5.4.1 菜汁、汤汁等溅到顾客身上 137
5.4.2 顾客有要事谈 138
5.4.3 顾客赠送礼品或小费 139
5.4.4 顾客损坏物品 139
5.4.5 顾客偷拿餐具 140
5.4.6 由于等候时间太长顾客要求取消菜品 140
5.4.7 餐厅客满，怎样合理安排座位 142
5.4.8 顾客发现饭菜中有异物 142
5.4.9 顾客反映菜品口味不对 143
5.4.10 答不上顾客提出的问题 144
5.4.11 顾客因长时间未上菜品而要求减账 144
5.4.12 顾客反映账单价格不对 145
5.4.13 顾客出言不逊 145
5.4.14 顾客丢失财物 146

5.5 突发状况处理方法 147

5.5.1 顾客烧烫伤的处理 147

5.5.2 顾客突然病倒、跌倒的处理 147

5.5.3 顾客打架闹事的处理 148

5.5.4 突然停电的处理 148

5.6 顾客投诉妥善处理 149

5.6.1 处理投诉的原则 149

5.6.2 处理投诉的步骤 152

5.6.3 处理投诉的禁忌 154

第6章 餐厅绿色低碳服务 159

对餐厅来说，低碳餐饮的实质是从原料采购、设施配备、菜品制作的各个环节实行全过程低碳化，从餐饮产品和服务生产的源头减少能源消费，降低碳排放量。

6.1 服务理念低碳化 161

6.1.1 管理者的低碳经营管理理念 161

6.1.2 服务人员的低碳服务理念 163

6.2 服务环节低碳化 164

6.2.1 使用电子菜单 164

6.2.2 开展网上订餐 164

6.2.3 提供小份餐品 164

6.2.4 提倡按量点餐 165

6.2.5 提醒饭菜打包 165

导言

顺应时代潮流，提升餐饮服务水平

纵观近几年的餐饮业，不难发现，餐饮业在服务方面存在着两种发展趋势：要么推崇智能化的服务模式，要么推崇极致服务（即不断强调人性化服务）。

一、新餐饮服务的特征

未来，新餐饮服务将会呈现出如图0-1所示的特征。

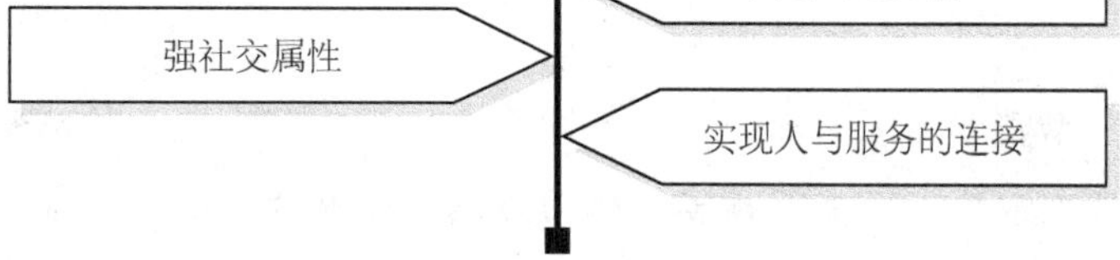

图 0-1　新餐饮服务的特征

1. 隐性

现代人日益注重“私密空间”，也就是说越来越多的顾客排斥服务员以服务的名义频繁打扰自己用餐。真正优质的餐厅服务一定是“隐性”的。

所以，与服务员一直站在餐桌旁随时准备布菜、斟酒相比，顾客更喜欢服务员在能保证“随叫随到”的情况下与自己保持一定的距离。

2. 恰到好处

在顾客不需要服务时悄无声息地“隐身”，在顾客需要时迅速“现身”。“隐身”与“现身”转换的契机就是服务员与顾客“确认过眼神”。高素质的服务员懂得在恰到好处的时间节点为顾客提供服务。

比如，与顾客刚进餐厅时相比，服务员在顾客起身准备切蛋糕时询问是否需要献上生日祝福歌得到肯定回答的概率要高。

3. 智能便捷

在未来，将有越来越多的服务在线上进行。便捷的智能服务手段不仅减少了顾客“被服务”的时间，而且为餐厅降低了人工成本。

4. 于无声处胜有声

如果有顾客在餐厅独自吃火锅，餐厅可以在顾客边上或顾客对面放一只布偶小熊陪座，这么做能让顾客觉得非常贴心。

让顾客真正享受过程的服务一定是自然、亲切、流畅的。

5. 强社交属性

服务就是一个餐厅与顾客进行互动交流的渠道，所以服务一定具有强社交属性。如今，越来越多的餐厅选择与互联网深度结合，通过服务加强自身与顾客之间的互动。

比如，“智能游戏桌”如今在餐厅中就很常见，特别是在排队频繁的餐厅，这些智能游戏桌常被用来缓解顾客等位的焦虑。还有智能小程序帮助顾客深度了解餐厅中的招牌菜。在这个过程中，顾客与餐厅进行了良性互动，与此同时，顾客在这个过程中留下的数据也有助于餐厅描绘顾客画像，这些画像将有助于餐厅在日后进行营销策划与餐品升级。

6. 实现人与服务的连接

线上点餐的盛行、外卖火爆的现象反映了顾客对多元化、个性化餐饮的迫切需求。在未来，传统的线下堂食消费将只占据餐厅营收的一部分，并且会有越来越多的渠道使顾客与餐厅相互连接起来。

如今，餐饮业正在加速标准化进程，然而，真正极致的服务却正在朝多元化、个性化的方向发展。

二、新餐饮服务的要求

如今，餐厅让消费者心甘情愿买单的原因不仅仅是餐品本身，还包括消费氛围、用餐服务等。当用餐服务与餐厅氛围不够好时，再好的餐品也很难留住顾客。新餐饮服务的要求主要体现在图 0–2 中所示的几个方面。

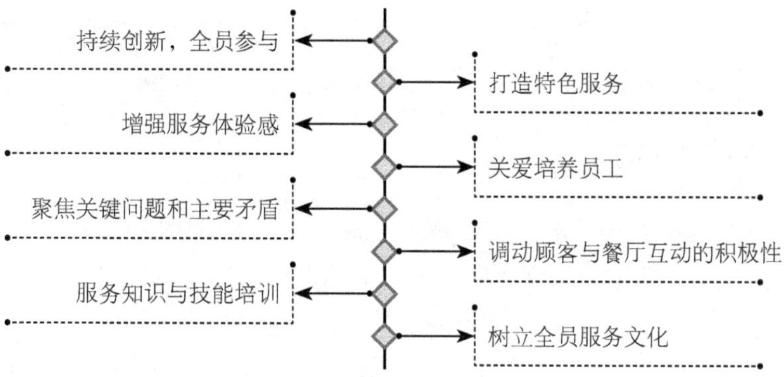

图 0–2　新餐饮服务的要求

1. 持续创新，全员参与

虽然对餐饮服务不断进行创新的确很难，但并不是无法实现的。要想不断创新服务，就必须深入了解顾客需求中的痛点、痒点、兴奋点。餐厅的管理人员和服务员应时刻关注市场变化，及时掌握顾客需求变化趋势，以及不同类型顾客的需求差别和心理诉求，从顾客的立场考虑应该提供哪些服务，想顾客所想，知顾客所求，餐厅只有这样做，才能不断挖掘顾客对服务的细节上的需求。

2. 打造特色服务

餐厅如果只是简单地模仿借鉴其他餐厅的服务特色是不能形成自己的服务特色的。餐厅要根据自己的定位等打造特色服务。餐厅在打造特色服务时可以从细节入手，小到诸如代停车服务、等候区设计、盥洗室物料摆放等；也可以从文化入手，深挖文化内涵，强化文化主题，把服务植入整体餐厅文化中，使其成为餐厅文化的一部分；或者从餐厅主流消费群的痛点、痒点、兴奋点入手，提供满足这些需求的服务来赢得顾客的认同。

3. 增强服务体验感

大多数餐厅都具备以上所述的服务硬件和软件，能基本满足顾客在就餐过程中的服务需求。但是，这种水平的服务只能让顾客基本满意或比较满意，而很难让顾客感到超值，乃至感动和难忘。未来的餐饮服务将更加注重满足顾客的精神需求，注重顾客的综合性服务体验。标准化的服务只能让顾客基本满意，而个性化的服务才能让顾客感到超值、感动、难忘。单纯的菜品好吃已经不能满足顾客的就餐需求了。顾客在就餐时越来越注重对服务的综合体验感。

4. 关爱培养员工

服务水平能不能提升的关键是员工自身有没有提供优质服务的责任和意识。没有幸福的员工，哪有满意的顾客？餐厅除了给员工发工资之外，还要关心员工的生活，要把员工当作家人，从伙食、住宿、家庭、业余活动、知识技能传授等方面关爱员工，这样员工才会愿意真心实意地为企业付出、为顾客着想。

5. 聚焦关键问题和主要矛盾

任何一个企业的服务都不可能面面俱到，餐厅要在能让顾客满意的基础上，聚焦服务的主要矛盾和关键环节，打造自己的服务特色和长板。对大多数餐厅来说，与其把资源和精力投入各个方面和环节，不如深挖顾客的需求。餐厅往往只要聚焦顾客需求中的几点甚至是一点就可能形成竞争优势，从而让顾客感觉超值、难忘，从而用服务打动、留住顾客。

6. 调动顾客与餐厅互动的积极性

互联网时代，顾客参与价值创造已经不是新鲜事了。让顾客参与餐厅的服务创新，充分调动顾客群体的智慧和力量，既能让餐厅及时了解市场变化、节约调研时间和成本，又能增强顾客体验，并且优化品牌形象。

让顾客自主定义服务需求，并提供新颖的、个性化的思路和建议，更有助于餐厅把握和满足顾客需求。企业可以通过关注顾客在线下的消费和体验反馈，或者通过在线上平台广泛收集顾客的意见和建议，引导顾客与企业互动，甚至可以给予顾客一定的激励。

7. 服务知识与技能培训

对服务人员的知识和技能培训内容不能仅限于餐厅自有的菜品知识、设施使用知识、服务礼仪和服务流程，有条件的餐厅可以扩充一些培训内容，如社交知识、旅游知识、法律知识、心理知识、民俗知识、餐饮文化知识、服务实战技能等。

餐厅可以建立专门的培训部门和培训体系，分层次设置培训内容、培训方式和培训步骤，并与员工的实际工作紧密结合。

8. 树立全员服务文化

餐厅是以有形的空间、设施、菜品和无形的服务为顾客提供餐饮的场所。因此，餐厅树立全员服务文化，调动员工的积极性和创造力，建立全员营销和服务的管理机制十分有必要。要让提供优质服务的意识体现在员工工作的每一个动作和细节，用标准的、人性化的服务文化和全员的努力打造全流程、全方位的顾客体验。

受消费升级与智能互联技术发展的影响，未来的优质餐厅一定要运用多样化的手段为顾客快速、精准、贴心地解决问题。未来的餐厅服务可能会呈现出万般模样，但万变不离其宗——只有通过持续优化顾客体验，才能不断提高服务质量。

第1章

餐厅员工岗位职责与工作流程

阅读指引

餐厅员工必须了解不同类型的顾客的特点，熟悉中餐菜系与酒水的基础知识，掌握餐饮安全卫生基础知识。

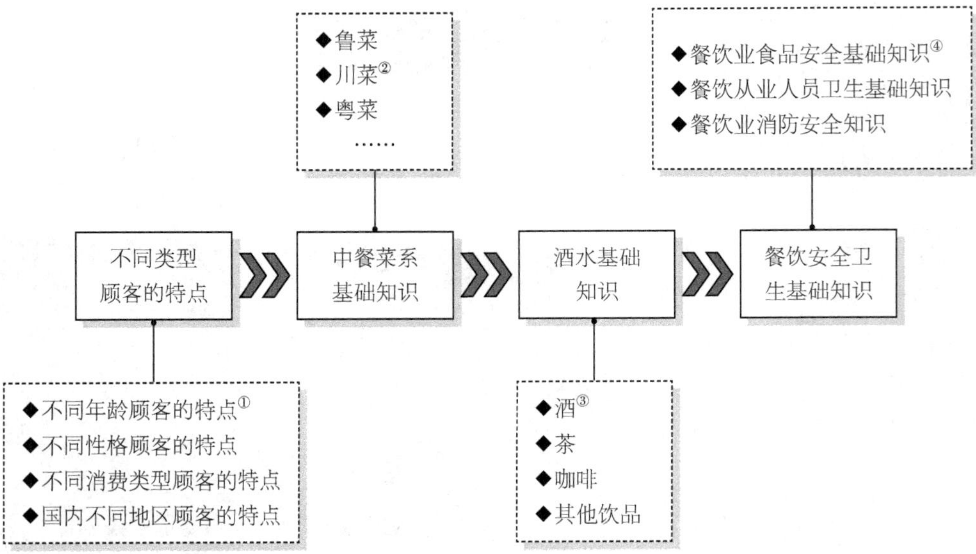

注：

①中年顾客，尤其是家长，对孩子的饮食健康非常重视。餐厅服务员可多介绍一些营养价值较高又实惠的菜肴，或向小朋友推荐一些新奇有益的饮料。

②川菜常用烹制方法有30余种，其中以小煎、小炒、干烧、干煸为特色。

③中国传统八大名酒是贵州茅台酒、四川五粮液、安徽古井贡酒、四川剑南春、四川泸州老窖、山西汾酒、陕西西凤酒、贵州董酒。

④食品生产经营者应当依照法律、法规和食品安全标准从事生产经营活动，保证食品安全，诚信自律，对社会和公众负责，接受社会监督，承担社会责任。

1.1　不同类型顾客的特点

餐厅的顾客来自五湖四海，年龄、性格、身份和消费习惯等都不相同。因此，服务员要对各种不同类型的顾客有所了解，在为顾客服务时要因人而异。

1.1.1　不同年龄顾客的特点

不同年龄顾客的就餐特点如表 1-1 所示。

表 1-1　不同年龄顾客的就餐特点

序号	类别	特点
1	青年顾客	青年顾客往往比较喜欢新潮时尚的东西，服务员可以为他们推荐餐厅的新鲜菜品或各种不同风味的菜品。对青年顾客的服务态度应该亲切自然，不必太殷勤但也不能太冷淡，应适度。上菜的速度要尽量快，通常青年顾客都缺乏耐心，如果等太久，他们会感到烦躁
2	中年顾客	中年顾客，尤其是家长，对孩子的饮食健康非常重视。餐厅服务员可多介绍一些营养价值较高又实惠的菜肴，或向小朋友推荐一些新奇有益健康的饮料
3	老年顾客	老年顾客吃饭时喜欢热闹的气氛，他们往往对工艺品颇感兴趣。服务员应注意保持亲切的笑容。服务员对老年顾客需细心周到，要让他们体会到无微不至的关怀。服务员可向老年顾客推荐那些营养价值高、酥软、易消化的菜品

1.1.2　不同性格顾客的特点

不同性格顾客的就餐特点如表 1-2 所示。

表 1–2　不同性格顾客的就餐特点

序号	类别	特点	对策
1	活泼型顾客	活泼型顾客性格开朗外向，善于和人交往，给人一种随和、好相处的感觉，就餐气氛会比较活跃	对于这类顾客，服务员要主动热情，多和顾客交流，以赢得顾客的好感。服务员在和顾客沟通时，可以采取积极的推销策略，如推荐一份性价比高的套餐，或主动介绍餐厅的特色菜肴等，这样做能很快得到顾客的认同。如果能让顾客感到服务员是在设身处地地为他着想，顾客就会对餐厅产生好感
2	急躁型顾客	急躁型顾客性子比较急，他们往往希望自己提出的要求能够马上得到满足，要求服务员有问必答，对服务员提出要求时喜欢用命令的语气，有时还会用手势加强语气，对服务不满时，很容易生气，但往往过后又会为自己的冲动行事而后悔。这类顾客心直口快、性格直爽	服务员为这种顾客提供服务时，要沉着冷静，保持平和的心态，行动迅速，语言简练，对顾客提出的任何要求均做出准确的回应
3	稳重型顾客	通常稳重型顾客对服务的要求很高，这种顾客虽然不愿多提要求，但对服务的标准有很严格的要求	服务员在工作过程中要严格遵循服务程序与标准。严谨的工作作风、专业的操作规范、恰当的语言修辞等，都有助于服务员达到顾客的期望

为稳重型顾客提供服务时，服务员要严格遵循服务程序与标准

1.1.3　不同消费类型顾客的特点

不同消费类型顾客的就餐特点如表 1-3 所示。

表 1-3　不同消费类型顾客的就餐特点

序号	类别	特点	对策
1	求新型顾客	求新型顾客喜欢新颖、刺激，追求标新立异，这类顾客大多是年轻时尚的人，喜欢追赶潮流	餐厅的新菜品、服务的标新立异都对这类顾客有很强的吸引力
2	信誉型顾客	信誉型顾客注重在服务时获得良好的心理感受。他们在享受服务和进行消费时，非常看重餐厅的菜品特色以及清洁、安全、舒适的环境，以使自己获得满意且愉快的心理感受	这类顾客对餐厅的设施和价格并不过分苛求，但对脏乱的环境和冷漠的服务态度会心存不满，他们认为就餐应该是一个快乐、放松的过程，他们要求得到满意、愉快、舒畅的心理感受和美好的记忆。因此，服务员在为这类顾客服务时要注意细节
3	享受型顾客	享受型顾客大都有一定的社会地位和经济基础，对物质享受的要求高，注重品位。他们乐于显示自己的地位或富有的形象，他们通常是高档菜品和高级包间雅座的消费者	为了满足享受型顾客的需要，餐厅不仅要提供高质量的菜品，还应要求服务员提供全面、优质的服务
4	便利型顾客	便利型顾客注重服务场所和服务方式的便利，希望服务能及时、到位，并讲究服务的质量。这类顾客大都时间观念强，最怕排队、等候和服务员的漫不经心、不讲效率	服务员在为这类顾客服务时，要处处为顾客着想，为他们提供便利、快捷、高质量的服务
5	求廉型顾客	求廉型顾客非常关注商品的价格，希望得到物美价廉的物品。这类顾客都很节俭，处处精打细算，不喜欢浪费，他们非常注重餐点的价格，而对质量没有太多的要求	服务员在为这类顾客服务时，要尽量满足他们的要求

1.1.4　国内不同地区顾客的特点

国内不同地区顾客的就餐特点如表 1-4 所示。

表 1-4　国内不同地区顾客的就餐特点

序号	不同地区顾客		特点
1	南方顾客	上海人	上海人口味较清淡，对饮食很讲究，喜欢吃新鲜、细嫩的蔬菜，尤其偏爱油菜。上海人一日三餐中，早餐以泡饭为主，午餐和晚餐则以米饭为主食，辅以各种炒菜；吃面条时，也讲究清淡
		湖南人	湖南人喜欢吃辣，一日三餐都离不开辣椒。早餐喜欢吃米粉，午餐和晚餐则以大米为主食
2	华北顾客	北京人	北京人口味偏重，而且做菜时少不了葱、姜、蒜。主食主要有馒头、面条、饺子、米饭、烙饼等。早餐以油饼、豆浆、牛奶、豆腐脑为主，午餐和晚餐以热饭热菜为主
		天津人	天津人喜欢吃米饭，喜欢海鲜食品。早餐多以豆腐脑、咸豆浆、果子煎饼等为主
3	西北顾客	陕西人	陕西人将面食当作主食，菜肴的主要调料是胡麻油。此外，陕西各地居民的生活习惯也有差异，西安地区素以羊肉烩馍闻名；陕南人对米和米粉皮尤为偏爱
		甘肃人	甘肃人的主食也是面食，主要有拉面、浆水面等
4	西南顾客		西南地区的顾客以四川人为代表。四川人喜欢吃辣，爱吃火锅，以米饭为主食，也喜欢吃面、米粉等

1.2　中餐菜系基础知识

菜系是指菜肴体系。服务员只有充分了解菜系，才能为顾客推荐合适的菜品，从而满足顾客的消费需求。

1.2.1　鲁菜

鲁菜是山东菜的简称，由济南、胶东地区（包括烟台、青岛）的地方菜组成。鲁菜的特点是口味鲜、形态美、加工精细、讲究火候。

1. 鲁菜的烹饪技法

鲁菜的烹饪技法向来以爆、炒、炸、熘、煽、焖、扒见长，尤以“爆”“煽”为世人称道。鲁菜的“爆”法，可分为油爆、汤爆、葱爆、酱爆、芫爆等多种方式，用这些方式制菜需旺火速成。

锅煽豆腐是鲁菜中为众多顾客所偏爱的菜品之一

“煽”是鲁菜独有的烹饪方法。菜品的用料要提前腌渍入味，再沾粉或挂鸡蛋糊，用油煎至两面呈金黄色时，再放入调料和清汤，以慢火收尽汤汁，其代表菜“锅煽豆腐”“锅煽鱼扇”皆为众多顾客所偏爱。

2. 鲁菜味型

鲁菜主要有咸、鲜、酸等味型，其特点如表 1–5 所示。

表 1–5　鲁菜味型特点一览表

序号	味型	特点
1	咸	咸味被视为鲁菜系的基本味。济南菜多用盐水，这比用盐调味更均匀。此外，还采用酱、酱油、豆豉、豉汁、腐乳等由盐衍生出来的调味品
2	鲜	鲜味来源于“清汤”“奶汤”。除甜菜外，所有菜在炒制中都要用“汤”。用爆炒、清炒、熘、煽的烹调方法兑汁时，都要加“清汤”
3	酸	酸味源于醋。鲁菜要用热油先烹醋，待香味挥发出来再放主料。鲁菜中的“糖醋瓦块鱼”的糖醋汁即属甜酸味型。在汤汁中直接加醋而取其酸会使酸味比较浓。例如，“醋辣鱼”“醋酸鱼块”“山东蒸丸”皆属酸味较浓的菜肴

1.2.2　川菜

川菜以成都、重庆两地为代表。川菜常用烹饪方法有30余种，尤以小煎、小炒、干烧、干煸独具特色。

每种烹饪方法都有独特、完整的工艺要求。同一种烹饪方法，因原料、味别的差异，其菜式烹饪方法又各具特色，如炒有生炒、熟炒、小炒、软炒几种。

1. 川菜独有烹饪方法

小煎、小炒、干煸、干烧为川菜独有的烹饪方法。小煎、小炒时不过油，不换锅，急火短炒一锅成菜。菜品鲜而不生，滚烫喷香。干烧时微火慢烧，用汤不满不欠自然收汁。干煸时用中火旺油反复煸炒，菜品以酥制韧，散发干香之味。

2. 川菜味型

川菜的“味”尤为突出。四川产有独具特色的调味品，如郫县辣豆瓣、自贡川盐、保宁食醋、潼川豆豉、涪陵榨菜、新繁泡姜和泡辣椒等都是川菜常备的调料。川菜有“一菜一格、百菜百味”的美誉，其中“格”和“味”都是用这些独特的调味品调制出来的。厨师可以用技艺将只有单一味道的菜品调制出糖醋味、鱼香味、家常味、怪味等各具特色的复合味。

麻婆豆腐是川菜中最具代表性的菜品之一

怪味、鱼香味、家常味是四川菜独有的三大味型。

（1）怪味，是用姜、蒜、葱、白糖、花椒面、红油、醋、白酱露、芝麻油、味精等10余种调料调成的，要求集甜、麻、辣、香、鲜于一体，不能突出某一种味型，而要味中有味。

（2）鱼香味，要求咸甜酸辣四味兼有，突出的香味是葱、姜、蒜味。

（3）家常味，其基本味型是咸鲜微辣，其味道的浓淡随菜式而定。

1.2.3　粤菜

粤菜也称“广东菜”，由广州、潮州、东江三地的风味菜肴组成，其特点如表 1-6 所示。

表 1-6　粤菜特点

序号	地区	特点
1	广州菜	广州菜包括肇庆、韶关、湛江等地风味。其特点是取料广、选料精、配料奇、技艺精、品种多，品味讲究清鲜、嫩脆、滑爽，主要包括炒、煎、炆、炸、煲、炖、扣等技法。主要代表菜有“龙虎凤烩”“白云猪手”“蚝油网鲍片”等
2	潮州菜	潮州菜要求刀工精细，以海鲜、汤菜为主要特色。口味偏重香、浓、鲜、甜、清醇。汤菜多放鱼露、沙茶酱、梅子酱、红醋等调料。烹饪方法以焖、炖、烧、焗、炸、蒸、炒、泡等技法为主。其代表菜有“柠檬炖鸭”“潮州烧鹅”“鲜炸蟹塔”等
3	东江菜	东江菜又名“客家菜”，原料多用肉类，极少用水产类。主料突出，用油重，口味偏咸，以砂锅菜见长，以烹制鸡、鸭著称，有独特的乡土风味。烹调方法多而善变，常用蒸、炖、烩等方法。其主要代表菜有“东江盐焗鸡”“东江窝全鸭”“煎酿豆腐”“东江鱼丸”等

广州菜的代表菜品——白云猪手

东江盐焗鸡是东江菜的代表菜品之一

1.2.4　闽菜

闽菜又称“福建菜”。依据各自不同的风味特色，闽菜可分为福州菜、闽南菜、闽西菜等，特点如表 1-7 所示。

佛跳墙是福州菜的代表名菜之一

表 1–7　闽菜的特点

序号	地区	特点
1	福州菜	福州菜是闽菜的代表，在以福州市为中心的闽东、闽北地区比较流行。福州菜形成于南宋时期。当时中原士族南下，带来了中原及苏杭菜的技艺，且不断吸收北方菜、江西菜、徽菜、湘菜、粤菜等特点，使自身特色日臻完善。其特点是清淡、鲜美、爽口、偏甜、偏酸，特别讲究汤菜的制作工艺。其代表名菜有“佛跳墙”“淡糟香螺片”“鸡汤汆海蚌”等
2	闽南菜	闽南菜主要是指晋江、泉州、厦门、漳州等闽南沿海地区的菜肴，以烹饪海鲜为特色。其选料严谨，讲究调味，操作仔细，主要包括炒、炸、熘、焖、蒸、煨、炖等技艺。其菜品具有鲜、浓、香、烂等特色。口味略带甜、酸、辣，主要将沙茶、芥末当作调味品。其代表名菜有“龙身凤尾虾”“沙茶焖野鸡”“沙茶炒牛肉”“通心河鳗”“芙蓉鲟鱼”等
3	闽西菜	闽西菜一般称“客家菜”，主要是指闽西山区的菜肴。其特点是有浓郁的南方山区色彩，用料多源自山区出产的笋、菇、芋、薯、鸡、鸭、猪、牛、羊和鹿、蛇、鱼、虾、龟等。刀工粗犷，调味品少，风味纯正，鲜美偏咸。一般菜肴都碗大量大，以彰显当地人的热情好客。其代表菜有“麒麟脱胎”“太极芋泥”等

1.2.5　苏菜

苏菜是江苏菜的简称，其影响遍及长江中下游广大地区。苏菜主要由淮扬菜、金陵菜、苏锡菜和徐海菜四个流派组成。

1. 淮扬菜

清炖蟹黄狮子头是淮扬菜的代表菜品之一

淮扬菜中，“淮”指淮菜，泛指以淮安一带为代表的淮河流域的菜肴，“扬”指扬菜，泛指以扬州一带为代表的长江流域的菜肴。淮扬菜的口味以清淡为主，咸甜适中。在扬州，不仅保留了大量的传统菜，而且创新了许多佳肴，如“三套鸭”“将军过桥”“醋溜鳜鱼”“文思豆腐”，这些都是人们赞不绝口的名菜。两淮鳝鱼席久负盛名，其中以“炝虎尾”“生炒蝴蝶片”“炒软兜”最有名。南通以烹制海鲜、禽类菜肴闻名于江苏，最知名的菜肴如“清炖蟹粉狮子头”“珊瑚虾仁”等闻名海内外。

2. 金陵菜

金陵菜又称“南京菜”。南京菜以柔和、醇正适口为特色，主要烹饪方法有焖、炖、叉烧、烤等。其代表菜有“金陵桂花鸭”“拆烩鲢鱼头”“金陵扇贝”等。

3. 苏锡菜

苏锡菜发源于苏州、无锡两个地区。春秋时期，苏锡菜中最著名的菜肴是吴国堂邑专诸所做的“金鱼炙”。到了唐代，苏锡菜变得重火候，主要用炖、焖、煨、焐等技法，兼用爆、炒、煎、炸等技法，菜品更丰富多彩，口味由重甜、浓油、咸鲜逐渐趋向清新爽口、浓淡适宜，且注重造型。其名菜有“碧螺虾仁”“雪花蟹斗”“松鼠鳜鱼”“鸡茸蛋”“香脆银鱼”“镜箱豆腐”“常熟叫花鸡”。

苏锡菜的代表菜品——松鼠鳜鱼

4. 徐海菜

徐海菜是指由徐州沿东陇海线至连云港一带的地方风味菜。

徐海人爱吃羊肉，大部分餐厅都有羊肉菜品。徐海菜口味主要以咸鲜为主，特别注重原汤原味。夏季清淡兼辛，冬季浓重，以猪肉、羊肉、鸡肉和冬令时蔬为原料，主要烹饪技巧包括炒、爆、熘、干炸。

总之，江苏菜系的特点为选料严谨、制作精细、因材施艺、四季有别，其烹调注重炖、焖、蒸、炒、烧，汤汁讲求保持原汁原味，汤汁应用面广，淡而不薄，浓而不腻。菜品酥烂脱骨而不失形，滑嫩爽脆而不失其质。

1.2.6 浙菜

浙菜由杭州、宁波、绍兴、温州四个地方的风味菜肴组成，其特点如表 1-8 所示。

表 1-8 浙菜特点

序号	地区	特点
1	杭州菜	杭州菜是浙菜的主流，传承了南宋以来历代名厨的技艺。菜肴清鲜爽脆，淡雅细腻，带有古都的典雅特色，其中"西湖醋鱼""东坡肉""龙井虾仁""生爆鳝片""干炸响铃""油焖春笋""宋嫂鱼羹""叫花童子鸡""西湖莼菜汤"等菜品最有名
2	宁波菜	宁波菜以鲜咸为基础，注重保持原汁原味，用料实在，色泽和口味较浓。因宁波濒临东海，故以烹制海鲜为主。宁波名菜有"锅烧河鳗""冰糖甲鱼""三丝拌蛤"等
3	绍兴菜	绍兴菜以绍兴酒糟烹制的糟菜而著称，菜肴香酥糯绵，汤浓味重。绍兴菜以河鲜、家禽为主要原料，有浓厚的乡村风味，其代表菜有"糟鸡""糟熘虾仁""干菜焖肉""绍式虾球"等
4	温州菜	温州在我国古代历史上称"瓯"，素以"东瓯名镇"著称。"瓯菜"以烹制海鲜为主。口味清淡，淡而不薄；烹调讲究"二轻一重"（即轻油、轻芡，重刀工），其代表菜有"爆墨鱼丝""蒜子鱼皮"等

东坡肉是杭州地区的风味菜肴之一

1.2.7 湘菜

湘菜是湖南菜的简称。湘菜主要包括湘江流域、洞庭湖区、湘西山区等地的风味菜肴。

1. 湘江风味

湘菜以湘江流域的风味菜肴为主要代表。以长沙、湘潭、衡阳为中心的湘江流域的风味菜肴是其主流，其特点是用料丰富、制作精细、品种多样、油重色浓，烹饪方法以炒、蒸、腊、炖、煨等为主，口味则注重酸辣、香鲜、软嫩，其代表菜有“东安子鸡”“冰糖湘莲”“紫龙脱袍”等。

2. 洞庭湖风味

洞庭湖畔的风味菜肴主要用炖、烧、腊等技法，以烹制河鲜和家畜家禽著称。其特点是芡大油重，咸辣香软，代表菜有“麻辣子鸡”“剁椒鱼头”“五元神仙鸡”等。

剁椒鱼头是湘菜中洞庭湖畔风味菜肴

3. 湘西风味

湘西风味菜肴口味偏咸香酸辣，有浓郁的山乡特点，其代表菜有“腊味合蒸”“湘西酸肉”等。

湘菜最突出的地方风味特色是以辣味菜和熏、腊制品居多。因湖南的气候温暖潮湿，所以人们喜爱食用有助于祛风除湿的辣味食品，而熏腊食品容易保存且别具风味。

1.2.8 徽菜

徽菜是安徽菜的简称。徽菜由皖南、沿江和淮北三种地方风味菜组成。其中皖南风味菜以徽州地方菜为代表，是徽菜的主流和渊源。

（1）徽菜烹饪工艺以烧、炖为主，讲究火候，并惯以火腿佐味、冰糖提鲜，讲究保持原汁原味。不少菜都用木炭火单炖，这不仅能体现徽菜的古朴典雅的风格，而且菜香四溢，诱人食欲。其代表菜有“火腿炖甲鱼”“清炖马蹄鳖”“黄山炖鸡”等。

清炖马蹄鳖是著名徽菜风味菜肴

（2）沿江风味盛行于芜湖、安庆、合肥等地区，以烹调河鲜、家禽为主，讲究刀工，注重造型，以糖调色，其烟熏技术别具一格。其菜肴具有酥嫩、鲜醇、清爽、浓香的特点，代表菜有“清香砂焐鸡”。

香炸琵琶虾是著名淮北风味菜肴

（3）淮北风味主要由蚌埠、宿县、淮北等地菜肴构成。其风味特点是咸中带辣，汤汁口重、色浓，惯用香菜作佐料，烹饪方法主要有烧、炸、熘，菜品质朴、酥脆、咸鲜、爽口。闻名全国的“符离集烧鸡”“葡萄鱼”“香炸琵琶虾”等是当地著名风味菜肴。

1.3 酒水基础知识

1.3.1 酒

1. 中国白酒

中国传统八大名酒是贵州茅台酒、四川五粮液、安徽古井贡酒、四川剑南春、四川泸州老窖特曲、山西汾酒、陕西西凤酒、贵州董酒。

2. 洋酒

洋酒历史悠久，品种繁多，著名的产酒国和地区有法国、意大利、德国、奥地利、希腊、西班牙、马德拉岛、葡萄牙、匈牙利、智利、美国、日本、澳大利亚等。

3. 啤酒

（1）国内名牌啤酒

我国的名牌啤酒很多，如青岛、五星、雪花、珠江、金威等。

①青岛啤酒

青岛啤酒的生产始于1903年，产于山东省青岛市，属淡色型啤酒，这种啤酒选用较好的大麦为原料，产品的特点是呈淡黄色，清澈，泡沫洁白、细腻、持久，具有显著的酒花麦芽清香及酒花特有的苦味，非常爽口。

青岛啤酒

②五星啤酒

五星啤酒是北京双合盛啤酒厂的产品。它选用优质麦芽、优级酒花及上等大米为原料，操作工艺精细。五星啤酒的酒液为淡黄色，泡沫洁白、细腻、持久，有浓郁的酒花香和麦芽香，口感醇浓、爽口。

（2）国外名牌啤酒

国外较为著名的啤酒品牌有慕尼黑啤酒、多特蒙德啤酒、比尔森啤酒、司陶特啤酒等。

1.3.2　茶

1. 乌龙茶

福建的乌龙茶品质较好，其中“岩茶”是珍品，且武夷山产的最好；“铁观音”为优良品种，安溪县产的最佳；“水仙”是上品，崇安、建瓯产的最有名气。乌龙茶的最大特点是香气浓郁、回味悠长、耐冲泡。

2. 碧螺春茶

江苏省苏州市吴县太湖之滨的东洞庭山和西洞庭山生产的碧螺春茶最佳，其主要特点是条索纤细、卷曲成螺、茸毛披覆、银绿隐翠，回味绵长。

江苏省苏州市吴县太湖之滨洞庭山产的碧螺春茶最佳

3. 龙井茶

龙井茶产于杭州西湖附近，有狮峰龙井、梅家坞龙井、西湖龙井等品种。其主要特点是香郁、味甘醇、形美。

4. 普洱茶

普洱茶主要产于云南省勐海县等地，其主要特点是呈青绿色、味醇厚、香气独特、耐冲泡。

5. 云雾茶

云雾茶是江西庐山的特产，主要特点是味醇、色秀、香馨、液清。

6. 君山银针茶

湖南岳阳君山产的君山银针茶最著名，其主要特点是芽头茁壮、紧实而挺立，茶芽的长短大小均匀，白毫显露，形如银针，内呈金黄色。冲泡后香气清鲜、叶底明亮、清香可口。

7. 祁红茶

祁红茶以安徽祁门一带产的最有名，是世界名茶。其特点是条索紧细、色泽乌润、香气浓烈。

8. 毛尖茶

毛尖茶是河南省的著名特产，尤以信阳地区的最佳，故又称“信阳毛尖”。其主要特点是条索细圆紧直、峰苗挺秀、芽叶鲜嫩、滋味醇厚、香气清远。

9. 黄山毛峰

黄山毛峰是安徽黄山产的名茶，其主要特点是芽叶肥壮、身披银毫、油润光滑、醇香鲜爽、回味甘甜。

10. 滇红茶

滇红茶是云南的著名特产，享誉世界。其特点是条索肥壮、芽尖呈金黄色、滋味浓厚。

滇红茶以云南西双版纳出产的最佳

11. 茉莉花茶

茉莉花茶的发源地是福建福州，其主要特点是外形美、香味浓。

12. 猴魁茶

猴魁茶产于安徽黄山一带，主要特点是白毫多而不露、茶色苍绿、香气高爽，属茶中珍品。

1.3.3　咖啡

1. 皇家咖啡

煮皇家咖啡时，首先将咖啡杯加热，倒入冲好的咖啡。然后，将方糖放在皇家咖啡的专用银匙上，再用白兰地浇方糖后点火，燃烧一分钟左右，火焰熄灭后，趁热将有酒味的糖稀倒入咖啡中，再在表面上装饰一点奶油即可饮用。

2. 爱尔兰咖啡

在爱尔兰咖啡杯中加入30毫升爱尔兰威士忌及两茶匙砂糖，置于酒精炉上加热并不断转动杯身以使玻璃杯受热均匀，等砂糖完全溶化后注入热咖啡，再加上打至发泡的奶油。爱尔兰咖啡是一种世界著名的咖啡混合饮品。

爱尔兰咖啡是一种世界著名的咖啡混合饮品

3. 卡布奇诺

在大咖啡杯中装入意大利特浓咖啡，再加上一层厚厚的起泡的牛奶，然后撒上巧克力粉就成了卡布奇诺。

4. 冰激凌咖啡

将200克冰咖啡倒入玻璃杯内，放入50克冰激凌球，再放入5克发泡奶油即可。

冰激凌咖啡是深受人们喜爱的饮品之一

1.3.4 其他饮品

1. 牛奶

牛奶含有丰富的供给人体热量的蛋白质、脂肪、乳糖和人体所需的矿物质如钙、磷以及维生素等，营养丰富，且利于消化。

2. 果汁

果汁的种类很多，一般分为鲜榨、罐装和浓缩三种。果汁含有丰富的矿物质、维生素、糖及有机酸等，既可直接饮用，又可用于调制鸡尾酒。常见的果汁有橙汁、柠檬汁、菠萝汁、西柚汁、葡萄汁等。

3. 矿泉水

矿泉水是从高山上的岩石中浸出的清泉，含有多种矿物质，因水质好、无杂质污染、营养丰富而深受人们的欢迎。

4. 汽水

汽水是一种含有大量二氧化碳气体的祛热解暑饮料。

1.4 餐饮安全卫生基础知识

1.4.1 餐饮业食品安全基础知识

《中华人民共和国食品安全法》（以下简称《食品安全法》）规定，在中华人民共和国境内从事餐饮服务的企业和人员应当遵守本法。食品生产经营者应当依照法律、法规和食品安全标准从事生产经营活动，保证食品安全，诚信自律，对社会和公众负责，接受社会监督，承担社会责任。

1. 食品安全标准

食品安全标准是各类食品中有害物质的限量规定、生产加工食品的卫生操作规范等以保证食品安全为目的的技术法规的总称。《食品安全法》规定，食品安全标准应当包括下列内容：

（1）食品、食品添加剂、食品相关产品中的致病性微生物，农药残留、兽药残留、生物毒素、重金属等污染物质以及其他危害人体健康物质的限量规定；

（2）食品添加剂的品种、使用范围、用量；

（3）专供婴幼儿和其他特定人群的主辅食品的营养成分要求；

（4）对与卫生、营养等食品安全要求有关的标签、标志、说明书的要求；

（5）食品生产经营过程的卫生要求；

（6）与食品安全有关的质量要求；

（7）与食品安全有关的食品检验方法与规程；

（8）其他需要制定为食品安全标准的内容。

2. 食品生产经营

《食品安全法》规定，食品生产经营应当符合食品安全标准，并符合下列要求：

（1）具有与生产经营的食品品种、数量相适应的食品原料处理和食品加工、包装、贮存等场所，保持该场所环境整洁，并与有毒、有害场所以及其他污染源保持规定的距离；

（2）具有与生产经营的食品品种、数量相适应的生产经营设备或设施，有相应的消毒、更衣、盥洗、采光、照明、通风、防腐、防尘、防蝇、防鼠、防虫、洗涤以及处理废水、存放垃圾和废弃物的设备或设施；

（3）有专职或者兼职的食品安全专业技术人员、食品安全管理人员和保证食品安全的规章制度；

（4）具有合理的设备布局和工艺流程，防止待加工食品与直接入口食品、原料与成品交叉污染，避免食品接触有毒物、不洁物；

（5）餐具、饮具和盛放直接入口食品的容器，使用前应当洗净、消毒，炊具、用具用后应当洗净，保持清洁；

（6）贮存、运输和装卸食品的容器、工具和设备应当安全、无害，保持清洁，防止食品污染，并符合保证食品安全所需的温度、湿度等特殊要求，不得将食品与有毒、有害物品一同贮存、运输；

（7）直接入口的食品应当使用无毒、清洁的包装材料、餐具、饮具和容器；

（8）食品生产经营人员应当保持个人卫生，生产经营食品时，应当将手洗净，穿戴清洁的工作衣、帽等；销售无包装的直接入口食品时，应当使用无毒、清洁的容器、售货工具和设备；

（9）用水应当符合国家规定的生活饮用水卫生标准；

（10）使用的洗涤剂、消毒剂应当对人体安全、无害；

（11）法律、法规规定的其他要求。

1.4.2　餐饮从业人员卫生基础知识

餐厅的卫生规范与服务员个人卫生情况有着密切的关系。良好的个人卫生习惯，可以避免食品被污染，防止食物中毒事件的发生。

1. 手部清洁要求

餐饮从业人员的手部清洁要求如下。

（1）工作前必须洗手消毒。手接触不洁净的物品后应及时清洗，清洗后不得用抹布尤其是不干净的抹布擦拭。

（2）上洗手间后应及时洗手。应在洗手间内洗手，不得在操作间内用水龙头冲洗，以免水池或其他食品被污染。

（3）处理垃圾后应及时洗手。

2. 个人卫生习惯

餐饮从业人员应养成如下个人卫生习惯。

（1）患有传染性肝炎、皮疹、耳炎、眼炎、伤寒、活动性肺结核等疾病时，应及时到医院就诊，不能继续留在岗位上。

（2）不得使用个人餐具（如筷子等）或用手直接接触餐厅内待售的食物或其他制成品。

（3）不得使用餐厅内的用具洗脚、洗脸、洗衣服等。

（4）养成常洗澡的好习惯，保持体味清新。

（5）不得对着食品尤其是熟食及其他制成品咳嗽或打喷嚏等。

（6）工作过程中不得佩戴戒指、手镯、手表等。

（7）手指、手掌等部位有伤口时，应包扎好，并戴上橡胶手套，以防污染食品或感染，情况严重时应请假。

（8）工作期间不得吸烟、吃东西、随地吐痰等，更不能带非餐厅工作人员到餐厅内吸烟、吃零食、随地吐痰、打牌等。

（9）服务人员必须经卫生防疫部门体检并取得健康证明且接受卫生知识培训后才能上岗，不得无证上岗或先上岗后取证。

1.4.3 餐饮业消防安全知识

消防工作应以预防为主，防消结合。

1. 消防安全责任

餐厅员工的消防安全责任如下。

（1）餐厅员工每天上、下班时必须认真检查本岗位的消防安全情况，及时发现并消除一切消防安全隐患。对于处理不了的隐患，餐厅员工要立即上报值班领导和餐厅安全部门。

（2）餐厅员工要熟悉就餐顾客的情况，在工作中要做到勤看、勤听、勤检查，留意饮酒过量的顾客，如发现异常情况应立即汇报。

（3）餐厅员工必须熟悉餐厅的地形、自己的岗位环境、本岗位内灭火器材的摆放位置、安全通道的走向、防火报警装置的位置，并会使用灭火器、消火栓等各种消防设施；必须做到三会——会消除火灾隐患、会扑救初期火灾、会组织人员疏散。

（4）餐厅员工在下班前，应检查相关电器、灯具、空调、风扇等是否已关闭，工作现场有无火灾隐患，确认无安全隐患后方可下班。餐厅值班领导要注意进行下班前的复查工作。

（5）餐厅员工必须掌握操作设备及物品的情况，熟悉使用方法及操作规程，防止因操作不当引起火灾。

（6）餐厅服务员在工作过程中应注意发现和清理顾客遗留的易燃、易爆等危险物品。在整理包间和大厅时要仔细检查房间的每个位置，检查房间内有无遗留火种和消防隐患。

（7）餐厅厨师下班时必须关闭燃气、油灶、火炉，严格执行相关燃气、灶具等的安全操作规程。下班时，当班厨师长必须复查一次。

（8）餐厅服务员必须掌握安全地使用酒精块的步骤，并在指定地点存放酒精块。

（9）餐厅员工应该做好消防安全疏散工作。疏散时，员工要认真检查每个地点，确认房内无人后将房门关好，用粉笔在房门外做标记。只有在确认该楼层的顾客全部疏散后，餐厅员工才能撤离。

（10）餐厅员工必须积极参加上级部门和部门内部举行的消防安全培训，不得无故不参加。

2. 火灾处理办法

（1）报警

发生火灾后，餐厅员工要及时拨打“119”火警电话，报警时要沉着冷静，讲清着火单位（部门）、着火地点、起火部位、燃烧情况、燃烧物质与火热蔓延趋势，如有化学危险物品要讲明，同时讲清报警人姓名、单位（部门）、电话号码，并派人到路口等候，待消防车到达后引领消防车到火场灭火。

（2）灭火

火灾事故发生后，餐厅专职消防员和有关人员应迅速赶到现场，了解起火部位、存放的物资性质及电器、线路、管道阀门的走向和开关情况。

①在扑救过程中，餐厅专职消防员和员工应自觉服从现场最高负责人的指挥，沉着冷静地使用灭火器材进行扑救，做到“先控制、后灭火”。

②对于一些难以搬运的物资、设备及易燃易爆物品要用水冷却，防止受热爆炸。

③在扑救过程中，餐厅员工应戴上防毒面具或口罩，或用湿毛巾捂鼻，防止中毒。

（3）疏散

①发生火灾后，餐厅员工应先将孕妇、老弱病残的顾客疏散到安全地带。

②如果走廊充满烟雾，要注意寻找出口指示灯，朝指示灯所指的方向疏散，并用湿毛巾捂住口鼻。疏散时，应弯腰或伏地前进。

③疏散时，切勿使用电梯。

④疏散时，要分散人流，避免大量人员涌向一个出口造成拥挤踩踏事故。

⑤对受伤人员要及时进行紧急处理，迅速将其转移到安全区域。

⑥在火场中，疏散时要分清主次、缓急，方法要适当，一般情况下应先疏散危险的、贵重的、处于下风方向的物品。

（4）逃生

①保持冷静，明确逃生方向及安全门位置。

②出房门前先触摸门板及把手，感觉烫时切勿开门。

③在浓烟中，应弯腰捂鼻沿墙角前进。

④在浓烟中，不要乘坐电梯，应走楼梯。

扫码听课

通过学习本章内容，想必您已经了解和掌握了不少相关知识，为了加固对本章的理解，以便在今后工作中学以致用，我们特意录制了相关的小视频，读者可以扫描下面的二维码进行观看和学习。

开篇　　1.1　　1.2

1.3　　1.4

在观看和学习小视频的内容后，请结合本书中的文本内容，如实填写您的学习心得和工作思路。

我的学习心得：

1.____

2.____

3.____

我的工作思路：

1.____

2.____

3.____

第2章

餐厅服务礼仪规范

阅读指引

服务礼仪是指员工在工作岗位上通过语言、行为等，对顾客表示尊重的规范。规范的服务礼仪，不仅可以帮助餐厅和员工树立良好的形象，而且能使员工获得顾客的理解、好感与信任，从而提高餐厅的竞争力与经济效益。

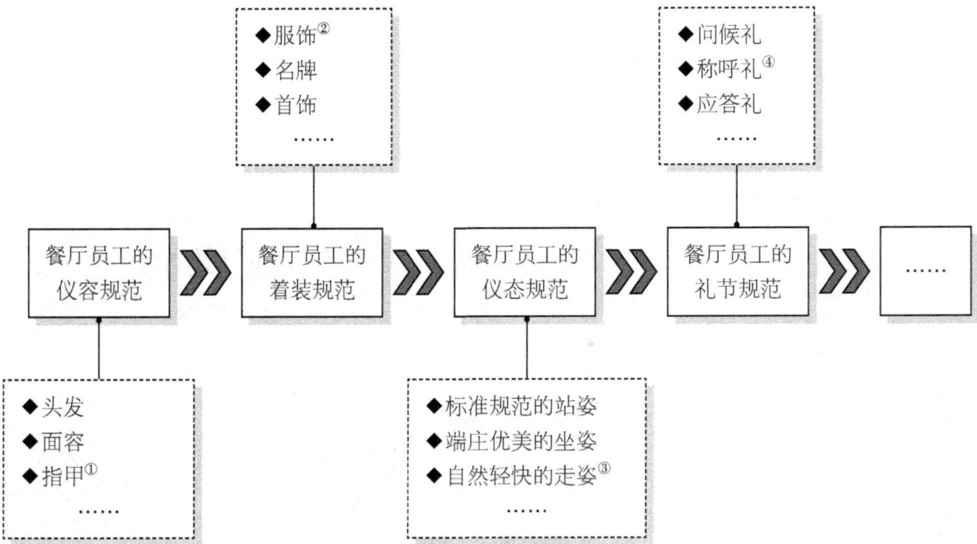

注：

①男女员工皆不能留长指甲。男员工不能留胡子，手臂上不能有刺青；女员工不可浓妆艳抹或涂有色指甲油。

②每个餐厅的员工都有自己的着装佩饰，即使在同一家餐厅，不同级别员工的着装佩饰也不同。顾客往往是根据每位员工的着装佩饰来判断员工身份的。

③正确的走姿是抬头、平视、微笑，双臂自然地前后摆动，肩部放松，步伐轻而稳。

④称呼礼是指服务员在工作过程中对顾客的称谓。称呼要切合实际，如果称呼错了，不但会使顾客不高兴，甚至会引发笑话和误会。

2.1 餐厅员工的仪容规范

仪容是指个人的容貌。餐厅员工的仪容不仅能体现个人素质，而且能反映出餐厅的精神风貌，所以员工必须具备良好的仪容。

2.1.1 头发

餐厅员工应保持头发干净、整洁。男服务员刘海不遮眼睛，两鬓不过耳，后不过衣领；女员工如留长发，应用统一样式发卡把头发盘起，不擦浓味发油，发型美观大方，不留怪异发型和披肩发。

2.1.2 面容

餐厅员工要做到面容洁净、端庄大方。男员工不留胡须，常修面；女员工宜化淡妆，不宜浓妆艳抹，要给顾客留下有亲和力的印象。

2.1.3 指甲

男女员工皆不能留长指甲，女员工不可涂有色指甲油。

2.1.4 清洁

餐厅员工应保持头发、皮肤、牙齿、手指的清洁和口腔的清新。餐厅员工要勤理发、勤洗头、勤修面、勤洗澡、勤更衣、勤剪指甲、勤洗手；可适当用不刺鼻的香水。

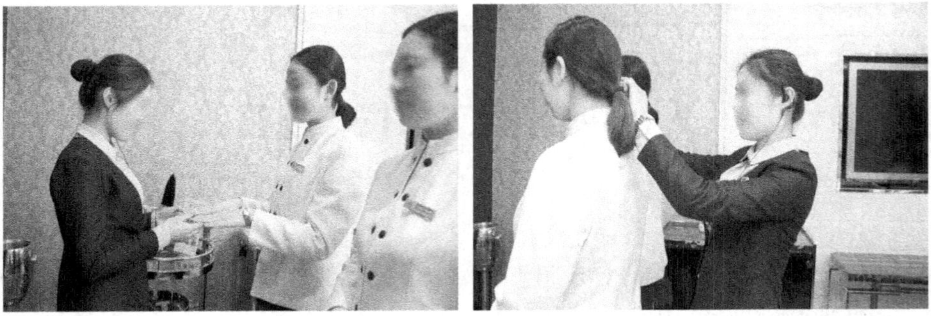

领班对服务员进行仪容检查，保持干净整洁的形象

2.2 餐厅员工的着装规范

着装是餐厅员工仪表的重要内容，也是衡量餐厅等级、服务水准的重要依据。

2.2.1 服饰

每家餐厅都非常注意员工形象，会专门请人为员工设计工作服。餐厅的工作服虽因内部岗位的不同而有许多不同的样式，但款式却是约定俗成的，如服务员、迎宾员等用的款式。有些款式已沿用了几十年，虽没有明文规定，但已被该行业普遍认可。

细节提示

工作服从色彩到款式都不能过于引人注意，应以庄重、整洁为原则。

餐厅工作服应统一，任何员工都不能随意穿搭。餐厅员工应注意使领子和袖口保持洁净。每天上岗前，餐厅员工必须细心检查工作服上是否有菜汁、油渍，扣子是否齐全、有无松动，衣裤是否有破洞等。总之，需经反复检查并确认无误后才能穿着工作服上岗。

细节提示

规范的着装既有利于员工开展工作，又有利于员工以典雅、大方、得体的仪容仪表出现在顾客面前。

2.2.2 名牌

餐厅要统一印制餐厅员工的名牌，并要求员工将名牌佩戴在规定的地方。

2.2.3 首饰

餐厅员工不得佩戴豪华昂贵的首饰，若是结婚戒指或亲人所馈赠的有纪念意义的首饰，需经上级同意方可佩戴（餐厅员工一般只可佩戴手表和结婚戒指）。

2.2.4 领带

不少餐厅对不同层级的管理人员的领带颜色均有规定。

2.2.5 鞋

餐厅员工一般应穿素雅、端庄、体面、大方的黑色布鞋或皮鞋。鞋应保持清洁。女员工要穿平底的黑色皮鞋，而不应穿细高跟皮鞋。

2.2.6 袜

男员工应穿中筒袜，女员工穿裙子时宜穿肉色丝袜并避免露出袜口。袜子要勤换洗，不可有异味。

2.3 餐厅员工的仪态规范

仪态也叫仪姿、姿态，泛指人们的身体所呈现出的各种姿态，它包括动作、表情和体态。员工的面部表情、举手投足都可以表达思想感情。仪态是展现个人涵养的一面镜子。

2.3.1 标准规范的站姿

正确的站姿能够帮助人们调整呼吸，改善血液循环，减轻身体疲劳。餐厅服务人员大多是站着服务的，因此更要注意站姿。

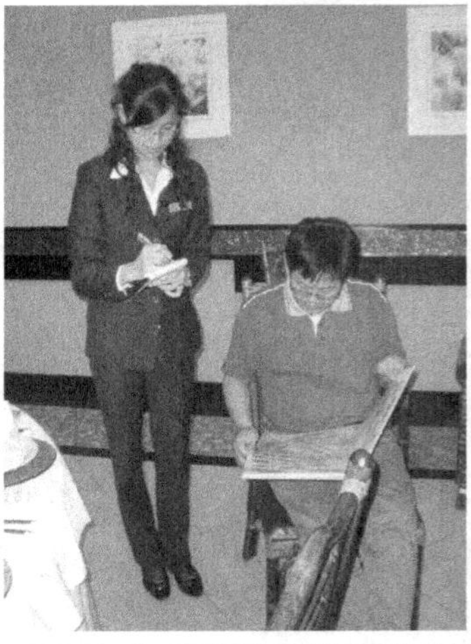

服务员站立时，身体不能东倒西歪

1. 站姿的基本要求

（1）站立是餐厅服务人员的基本功。站立时，要挺胸、收腹、嘴微闭、面带微笑、双臂自然下垂或在身体前交叉、右手放在左手上，随时准备为顾客提供服务。

（2）肩膀要平直，不许耸肩歪脑。双手不可叉在腰间，也不可放在身后，更不可抱在胸前。

（3）站立时，身体不能东倒西歪，不

可坐在桌子上或靠在椅背上。站累了双脚可暂作“稍息”状，但上身仍须挺直，一般要求是将身体重心偏移到左脚或右脚上，另一条腿稍微向前屈，使脚部肌肉放松。

（4）站立时应留意周围的同事是否需要帮助。另外，站立时要关注顾客，但不可“眼睁睁”地盯着顾客，应灵活些。

（5）女服务员站立时，双脚应呈“V”字型，双脚脚尖张开呈50度左右，膝盖和脚后跟要靠紧，不能双脚叉开。

（6）男服务员站立时，可双脚并拢，也可双脚叉开。叉开时，双脚应与肩同宽，身体不能东倒西歪，右手应放在左手上，双手放前放后均可。

2. 错误站姿

对餐厅服务人员来说，最忌讳的站姿如图 2-1 所示。

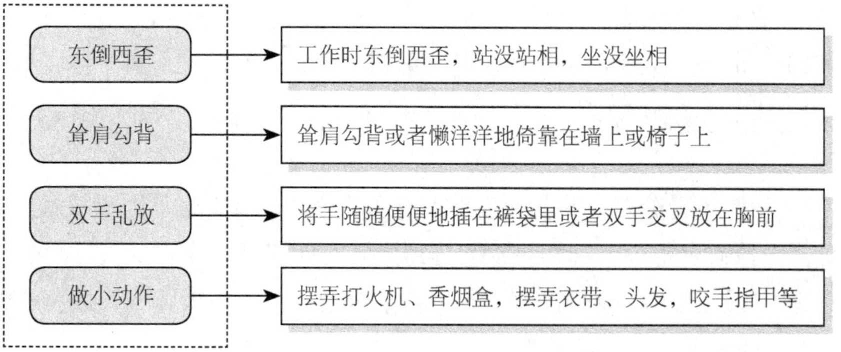

图 2-1　餐厅服务人员错误站姿

3. 站立服务姿态

为顾客服务时，每位服务人员都要注意，应正面对着顾客，而不应背对顾客，背对顾客是不礼貌的。

4. 练习站立姿势

背靠墙站好，使自己的后脑勺、肩、臀部及脚跟均能与墙壁紧密接触，这说明你的站姿是正确的，若无法与墙壁紧密接触，则说明你的站姿不正确。

2.3.2 端庄优美的坐姿

餐厅服务人员基本上都是站着的，但有时可能也会坐着。因此餐厅服务人员也需要掌握坐姿的礼仪规范。

（一）正确坐姿

正确的坐姿体现了对对方的尊重，是人们必懂的礼仪。但怎样坐才算是正确的坐姿呢？

（1）刚落座时要先把双脚跟并拢，这样会显得比较自然。

（2）将左腿搭在右腿上，这样可以给人一种落落大方的感觉。但是不宜搭得过高，这样会有失风度，也不能把脚尖翘起。

（二）注意事项

（1）服务员在入座前应先走到座位前，再从左边慢慢坐下，动作要轻而稳。

（2）女服务员入座前要把裙子整理好再坐下，入座后把双脚并拢。

（3）无论是坐在椅子上还是沙发上，最好不要坐满，一般只坐椅子的1/2或2/3。

（4）双膝不要分得太开。男士坐下可双膝分开，女士坐下则双膝并拢。但无论男女，无论何种坐姿，都切忌双膝分得太开，两脚呈八字形。女性可以采取小腿交叉的坐姿，但不可向前直伸，切忌将小腿架到另一条大腿上，或将一条腿搭在椅子上，这些举动是很粗俗的。

细节提示

注意不要坐在椅子边上。在餐桌上，注意不要将膝盖顶着桌子。站立的时候，右脚先向后收半步，然后站起来，向前走一步，再转身走出房间。

（5）切忌脚尖朝天。最好不要随意翘二郎腿。

（6）不可抖脚。坐着的时候，腿部不可上下抖动或左右摇晃。

（7）交谈时应注意身体姿势。与人交谈时，不要将上半身往前倾或用手支撑着下巴。

（8）坐下后应该安静。不可四处张望。

（9）双手自然放好。双手可相交放在大腿上，也可轻搭在沙发扶手上，但手心应向下，手不要乱动。

（10）可侧坐。端坐时间过长会使人感觉疲劳，这时可以侧坐。坐的时间长了想靠在沙发背上也是可以的，但不可把脚一伸，半躺半坐，更不可七扭八歪地躺在沙发上。

2.3.3 自然轻快的走姿

1. 正确走姿

正确的走姿是走直线，脚跟要落在这条直线上，上半身挺直、抬头、平视、微笑，双臂自然地前后摆动，肩部放松，步伐轻而稳。

2. 注意事项

（1）切忌身体摇摆

行走时切忌摇头晃脑，上半身随意摇摆，以免给人留下庸俗、无知和轻薄的印象；脚尖不要向内或向外，或者弯腰弓背，步履蹒跚，以免给人留下疲倦、老态龙钟的印象。

（2）目视前方

走路时应目视前方，不要左顾右盼，不要回头张望，不要总是盯着行人乱打量，更不要一边走路，一边指指点点地对别人评头论足。

（3）双手不可乱放

走路的时候，不可把手插在衣服口袋里，尤其不可插在裤袋里，也不要叉腰或倒背着手。

（4）脚步干净利索

走路时脚步要干净利索、有节奏感，不可拖泥带水。

（5）同行不要排成行

几个人在一起走路时，不要勾肩搭背，不要打打闹闹。多人在一起走时，不要并排走。

（6）有急事勿奔跑

如果有急事，可以加快脚步，但切忌奔跑，特别是在过道里。

（7）走路要用腰力

走路时要用腰力，要有韵律感。

（8）保持好心情

走路的姿势与心情有关。心理学家认为，低垂着头，双肩晃动和驼背，表示此人精神不振、消极自卑。因此要对事业和生活充满信心与乐趣，这样你走起路来就会精神百倍、富有活力。

3. 走姿练习

练习走姿时可以采用头顶书本走路的方法。这种方法对走路时喜欢低头或头部歪向一方，以及肩膀习惯前后晃动的人来说，是一种很好的矫正手段。

2.3.4 优雅稳重的蹲姿

在日常生活中，人们一般习惯弯腰蹲下将掉在地上的东西捡起，而餐厅服务人员如果也像这样随意弯腰蹲下捡起掉在地上的东西是不合适的。

1. 正确的蹲姿

（1）下蹲拾物时，应自然、得体、大方。

（2）下蹲时，两腿应合力支撑身体，以防滑倒。

（3）女服务员无论采用哪种蹲姿，都要将双腿靠紧，臀部向下。

2. 交叉式蹲姿

女服务员也可采用交叉式蹲姿，下蹲时右脚在前，左脚在后，右小腿垂直于地面，左脚跟抬起，脚掌着地，两腿靠紧合力支撑身体，臀部向下，上身稍向前倾。

细节提示

服务员弯腰拾物品时两腿叉开，臀部向后撅起，是不雅观的姿态。

2.3.5 大方得体的手势

1. 直臂式

直臂式手势主要用于为顾客指引方向，将手抬至胸部高度，四指伸直并拢，掌心向上，以肘关节为轴，朝特定方向指示，身体应侧向顾客，目光兼顾顾客和所指方向，直到顾客清楚时方可放下手臂。

2. 横摆式

横摆式手势主要用于迎宾，五指并拢，掌心斜向上45度，手与前臂呈一条直线，手从腹部抬起向右摆动，以肘关节为轴，肘关节不可呈直角，也不要完全伸直，不能将手臂放在体侧或身后，左手下垂，同时双脚呈丁字状，面带微笑，目视顾客。

3. 曲臂式

曲臂式手势主要用于迎客到房门口，右手五指并拢，从身体侧前方，从上向下伸出手臂，上臂与身体呈45度左右，以肘为轴，手臂由身侧向左摆动，呈曲臂式，双脚呈丁字状。

4. 斜式

斜式手势主要用于请客入座，手臂向前抬起，以肘关节为轴，前臂由上向下，指向椅子，双手扶椅背向后拉，轻拖轻拿。

2.3.6 轻松愉悦的交谈

餐厅服务员在与顾客交谈时，一定要克服各种不良习惯，以免引起顾客的不悦或不满。

（1）不要总是摸后脑勺。与顾客交谈时，如果服务员总是下意识地挠后脑勺容易使对方认为你不成熟，没有工作经验。

（2）与顾客交谈时，服务员总拿点什么东西摆弄着，这种习惯很不好，是不尊重对方的表现。

（3）不要做轻浮的动作。像讲话时总喜欢拍对方一下这种轻浮的动作容易引起顾客的反感。

（4）不要做小动作。有些人无论是坐着、站着或者与人交谈的时候总喜欢用手挖鼻孔或挖耳朵，或揉一揉鼻子，服务员应当避免做这些小动作。

（5）不要忽视交谈时的距离。餐厅服务员在与顾客交谈时要保持一定的距离。如果服务员与顾客离得太远，会使对方误认为服务员不愿为他提供服务，甚至是厌恶他；相反，凑得过近又会显得很不礼貌。因此，服务员与顾客交谈时一定要养成良好的习惯，举止大方，并与对方保持适当的距离。

（6）有些餐厅服务员讲话时不看顾客，也不管对方喜不喜欢听，完全不给对方插话的机会，这样做很不好。

（7）有些餐厅服务员与顾客交谈时，总感觉对方讲话慢或者没有把话说到点上，于是经常插上几句，这样就容易打乱顾客的思路，引起顾客的反感。

（8）如果双方交谈的问题较复杂，而且双方都有自己的想法，餐厅服务员一定要听完顾客的话后再说话，千万不要只听开头，就匆忙解释对方提出的问题，即使对顾客提的问题比较了解，也要等对方把话说完，这是与顾客交谈过程中的一种礼貌。

2.4 餐厅员工的礼节规范

服务质量中最重要的方面是服务的礼貌礼节。餐饮服务中常见的礼节有问候礼、称呼礼、应答礼、操作礼、迎送礼、宴会礼、鞠躬礼和致意礼等。

2.4.1 问候礼

问候礼是服务员对顾客进店时的一种接待礼节，以问候、祝贺性语言为主，问候礼有以下几种不同的问候。

1. 初次见面的问候

顾客刚刚进入餐厅时，服务员应说：“先生（小姐），您好（或欢迎光临），我是 ×× 号服务员（我是小 ×），很高兴能为您服务。”

2. 时间性问候

与顾客见面时，要根据时间点问候“早上好”“中午好”“下午好”等。

3. 对不同类型顾客的问候

到餐厅用餐的顾客的类型很多，服务员对不同类型的顾客要有针对性地进行问候，例如，对过生日的顾客说“祝您生日快乐”，对新婚的顾客说“祝您新婚愉快”等。

4. 节日性问候

节日性问候一般用在节日前或节日后不久，如春节、元旦（新年）、国庆节等，这时应问候顾客“节日快乐”“新年好”等。

5. 其他问候

当顾客身体欠佳或顾客醉酒、发怒时，服务员都应对顾客表示关心。

2.4.2　称呼礼

称呼礼是指服务员在工作过程中和顾客打交道时所用的称谓。称呼要切合实际，如果称呼错了，不但会使顾客不高兴，而且会引发笑话和引起误会。

1. 一般习惯性称呼

在称呼顾客时，一般称男子为“先生”，将较年轻的女子统称为“小姐”，将戴婚戒和年龄稍大的女子称为“女士”。

2. 按职位称呼

服务员如果知道顾客的职位则要称呼其职位，如王局长、李主任等。

2.4.3 应答礼

应答礼是指服务员同顾客交谈时的礼节。

（1）解答顾客问题时，服务员必须保持良好的站姿，不背靠他物，讲话语气温和，有耐心，注视对方的眼睛，集中精神倾听，以示尊重。

（2）对顾客的赞扬、批评、指教、抱怨，服务员都必须恰当地予以回应，不能置之不理，否则就会显得不礼貌。

（3）服务员在为顾客处理问题时，语气要委婉，如顾客提出的某些要求超越了自己的权限范围，应及时请示上级，而不能直接否定，如对顾客说“不行”“不可以”“不知道”“没有办法”等，应回答“对不起，我没有这个权限，我去请示一下领导，您看行吗。”

2.4.4 操作礼

操作礼是指服务员在日常工作中的礼节。服务员如果想既做好服务工作又不失礼，就必须注意以下两点。

（1）服务员在日常工作中要着装整洁，注意仪表，举止大方，态度和蔼，在工作时间不大声喧哗，不开玩笑，不哼小曲，尽量保持安静。在进包间之前要敲门，敲门时不能太用力，要用手指关节处有节奏地轻敲，在获得顾客同意后再进去，开门、关门时动作要轻，不要发出太大的响声。

（2）操作时，如影响到顾客，服务员应表达歉意，比如说“对不起，打扰一下”或“对不起，请让一下好吗”等。

2.4.5 迎送礼

迎送礼是指服务员迎送顾客时的礼节。

（1）顾客来店时，服务员要主动向顾客问好，笑脸相迎，在此过程中，要关注老弱病残的顾客的需求，适时为其提供服务。

（2）顾客用餐完毕离开时，服务员应热情地与顾客逐一道别，给顾客留下良好印象。

2.4.6 宴会礼

不论在何种宴席上，服务员都要懂得一般的礼节，在为宴会中的顾客提供服务的过程中，按一套规定的礼节去操作，如斟酒、上菜必须按一定的顺序，摆放菜品时要遵循一定的规则，席间服务需依据酒宴主题，符合当地的风俗习惯等。

2.4.7 鞠躬礼

鞠躬礼一般是指晚辈对长辈、下级对上级以及初次见面的朋友之间的礼节。行鞠躬礼时必须先摘下帽子，手垂后，用立正姿势，两眼注视受礼者，身体上半部分前倾50度左右，而后恢复原来的姿势。

无论何种宴席，服务员都要按照规定的礼节为顾客提供服务

2.4.8 致意礼

点头致意在一般情况下是同级或平辈之间的礼节。在日常工作中，同一位服务员与顾客多次见面时，在问候顾客“您好”的同时，还须点头微笑致意。

2.5 餐厅服务的用语规范

2.5.1 问候语

（1）“先生（小姐）您好！欢迎光临！”

（2）“中午（晚上）好，欢迎光临！”

（3）“欢迎您来我们餐厅用餐！”

（4）“欢迎您！一共几位？请坐这里。”

（5）“请问先生（小姐）有预订吗？是几号房间（几号桌）？”

（6）“请跟我来。”

（7）“请这边走。”

2.5.2 征询语

（1）“先生（小姐），您坐这里可以吗？”

（2）“请问先生（小姐），现在可以点菜了吗？”

（3）“这是菜单，请您看看。”

（4）“请问先生（小姐）喜欢用点什么酒水（饮料）？我们这里有……”

（5）“对不起，我没听清您的话，您再说一遍好吗？”

（6）“请问先生（小姐）喜欢吃点什么？我们今天新推出了……（或我们的特色菜有……）”

（7）“请问，先生还需要点什么？”

（8）“您用些……好吗？”

（9）“请问先生，现在可以上菜了吗？”

（10）“请问先生，我把这道菜换成小盘可以吗？”或者“请问，可以撤掉这个盘子吗？”

（11）“请问先生，可以上一个水果拼盘吗？我们这里的水果有……”
（12）“您吃得好吗？”
（13）“您觉得满意吗？”
（14）“您还有别的事吗？”
（15）“现在可以为您结账吗？”

2.5.3 感谢语

（1）“感谢您的意见（建议），我们一定改正。”
（2）“谢谢您的帮助。”
（3）“谢谢您的光临！”
（4）“谢谢您的提醒。”
（5）“谢谢您的鼓励，我们会继续努力。”

案例

一位顾客在用餐时，不小心将筷子掉在地上了。这位顾客把筷子从地上捡起来随便一擦，又准备继续“战斗”。这时值台服务员眼疾手快，马上将一双干净筷子递到顾客面前，并说：“对不起，请用这一双，谢谢合作！”顾客大为感动，离开餐厅之前，特意找到经理夸奖这位服务员：“你们的服务员反应迅速，她帮助了我还要感谢我，真是训练有素！希望餐厅给予奖励。”

2.5.4 道歉语

（1）“真对不起，这道菜制作起来有些耗时，请您多等一会儿好吗？”
（2）“对不起，让您久等了，这是×××菜。”
（3）“真是抱歉，耽误了您很长时间。”
（4）“对不起，这道菜品刚刚卖完，×××菜和它的配料基本相似。”

（5）“对不起，我把您的菜上错了。”

（6）“实在对不起，我们重新为您做一下，好吗？”

（7）“对不起，请稍等，马上就好！”

（8）“对不起，打扰一下。”

（9）“实在对不起，弄脏您的衣服了，让我拿去为您洗一下好吗？”

案例

一家餐厅的包间内有一对情侣正在用餐。菜上得差不多了，顾客就对服务员说：“这里你就别管了，你把门关上，有事你再进来！”于是服务员站在包间外，过了一会儿传菜员端汤过来了，服务员接过来就往包间里送，没敲门就闯了进去。

哪知这时顾客恰好正在亲昵，服务员于是说了一句：“不好意思！”这一下惹怒了顾客，顾客大声说：“什么不好意思，你不敲门进来才不好意思。”其实，如果服务员说一声：“实在对不起，打搅了！”把汤放在桌上，然后迅速离开，就不会让顾客那样愤怒了。

2.5.5 应答语

（1）“好的，我会通知厨房，按您的要求去做。”

（2）“好的，我马上就去。”

（3）“好的，我马上安排。”

（4）“是的，我是服务员，非常乐意为您服务。”

（5）“谢谢您的好意，我们是不收小费的。”

（6）“没关系，这是我应该做的。”

（7）“我明白了。”

2.5.6 祝福语

（1）“祝您用餐愉快。”

（2）“新年好！”“新年快乐！”“圣诞快乐！”“节日快乐！”

（3）“祝您新婚愉快。”

（4）“祝您早日康复。”

（5）“祝您生日快乐。”

（6）“祝您心情愉快。”

2.5.7 送别语

（1）“先生（小姐）慢走，欢迎下次光临。”

（2）“先生（小姐）再见。”

（3）“请慢走。”

扫码听课

通过学习本章内容，想必您已经了解和掌握了不少相关知识，为了加固对本章的理解，以便在今后工作中学以致用，我们特意录制了相关的小视频，读者可以扫描下面的二维码进行观看和学习。

2.1　　2.2　　2.3

2.4　　2.5

在观看和学习小视频的内容后，请结合本书中的文本内容，如实填写您的学习心得和工作思路。

我的学习心得：

1.________________________________

2.________________________________

3.________________________________

我的工作思路：

1.________________________________

2.________________________________

3.________________________________

第 3 章

餐厅服务操作流程

阅读指引

餐厅统一、规范的服务流程可以限制员工服务的主观随意性，并为主管监督下属提供依据。在服务工作中，餐厅服务员必须根据正确的流程与操作程序，按照合理的步骤为顾客提供服务，从而让顾客满意，并赢得顾客的信赖。

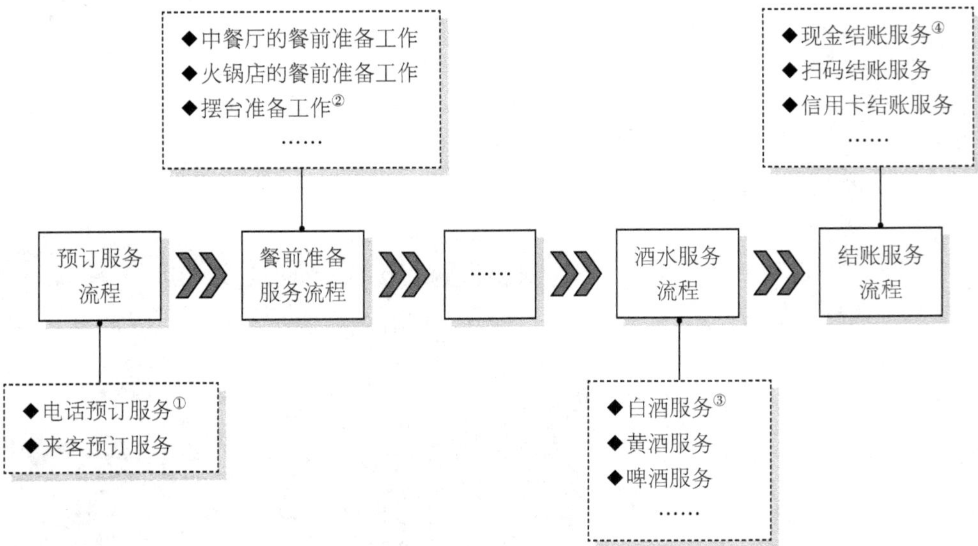

注：

①顾客来电后，要仔细聆听顾客的要求，了解顾客的身份、用餐时间、宴请对象、人数、桌数及其他要求。

②餐厅员工在准备摆台前要先将手清洁消毒，可用消毒毛巾，也可用酒精棉球擦拭双手。

③餐厅员工在征得顾客同意后，在顾客面前打开白酒。服务时，左手持方形餐巾，右手持白酒瓶，按照先宾后主、女士优先的原则，从顾客右侧依次为顾客倒酒，白酒倒入酒杯4/5的位置即可。倒完一杯后轻轻转动瓶口，避免酒滴在台布上，再用左手中的餐巾擦拭瓶口。

④检查顾客所付现金数额，把钱和账单交给收银员，检查收银员找回的钱数是否准确，然后将账单和找赎交给顾客。

3.1　预订服务流程

3.1.1　电话预订服务

1. 电话预订服务流程

电话预订的服务流程如图 3-1 所示。

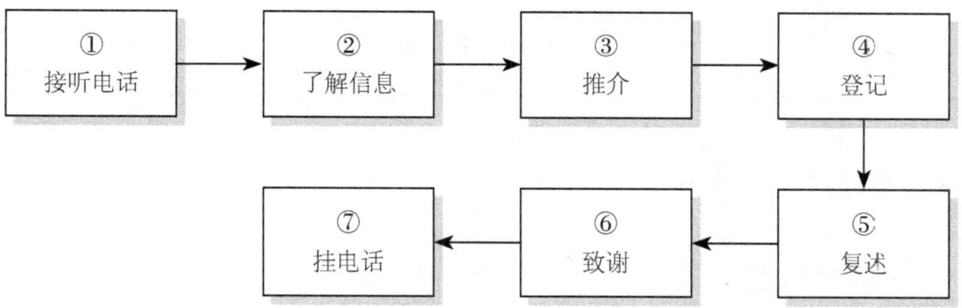

图 3-1　电话预订服务流程

2. 电话预订服务细则

电话预订的服务细则如表 3-1 所示。

表 3-1　电话预订服务细则

操作程序	工作标准
① 接听电话	（1）在电话铃声响3声或10秒以内接听电话 （2）左手持电话，将话筒置于唇下5厘米处 （3）问候顾客并报餐厅名称，如果铃响超过3声才接听电话就必须向顾客道歉 （4）遇节假日，需要用恰当的问候语
② 了解信息	仔细聆听顾客的话，了解顾客的身份、用餐时间、宴请对象、人数、桌数及其他要求

（续表）

操作程序	工作标准
③ 推介	（1）快速查看预订情况，有针对性地向顾客推荐菜品，并征求顾客意见 （2）在顾客预订某一包间或座位后，根据实际订餐情况确认或推荐其他包间
④ 登记	（1）询问顾客的全名及联系电话，并将信息记录在“预订登记本”和电脑中 （2）询问被宴请顾客中有无VIP，如有则需通知楼面经理妥善安排
⑤ 复述	重复预订细节，并告知顾客预订接待人员的姓氏
⑥ 致谢	对顾客的来电表示感谢
⑦ 挂电话	待顾客挂断电话后，方可轻声挂断电话

3.1.2 来客预订服务

1. 来客预订服务流程

来客预订的服务流程如图 3-2 所示。

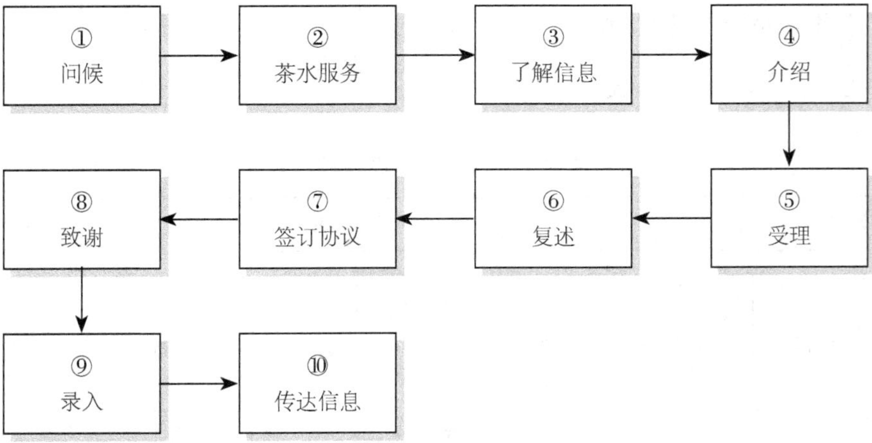

图 3-2 来客预订服务流程

2. 来客预订服务细则

来客预订的服务细则如表 3-2 所示。

表 3-2　来客预订服务细则

操作程序	工作标准
① 问候	在离顾客1.5米处热情地问候顾客，询问顾客是否需要订餐
② 茶水服务	为顾客提供茶水服务，并及时续杯
③ 了解信息	（1）询问并记录顾客的姓名、用餐时间及特殊要求，并在交谈中使用其姓氏称呼顾客，如“王先生”“李女士” （2）查看电脑中的预订情况。如果可提供的包间已被预留，应立即与预留人取得联系，确认其是否需要继续保留 （3）主动向顾客提供可预订包间的图片及资料
④ 介绍	（1）主动向顾客介绍菜系、菜肴特色、价格、服务设施、场地环境及收费标准 （2）仔细聆听顾客的提问，并一一解答 （3）陪同顾客进行实地考察，向顾客介绍场地特点，并提供菜单供顾客参考
⑤ 受理	（1）如果顾客暂不预订，也应感谢顾客的光临，并将顾客送至电梯口 （2）如果顾客未确定但需预留位置，则应及时确认顾客是否要预订 （3）如果顾客确定要预订，则须向顾客了解详细的预订情况
⑥ 复述	复述预订信息，并请顾客确认
⑦ 签订协议	根据实际情况与顾客签订预订协议，请其在仔细检查预订协议内容后签名确认，并引领顾客到收银处交付预订金
⑧ 致谢	感谢顾客的预订，并送顾客离开大堂
⑨ 录入	将预订信息和预付金单据号码录入电脑
⑩ 传达信息	（1）若是当日当餐预订，则应在两分钟内通知相关餐厅及厨房做好接待准备 （2）如非当日当餐预订，则应通过“预订单”通知相应的餐厅、厨房管理人员做好接待准备工作

如果知道顾客的职位，要称呼其职位

录入预订信息

3.2 餐前准备服务流程

3.2.1 中餐厅的餐前准备工作

（一）中餐厅的餐前准备工作流程

中餐厅的餐前准备工作流程如图 3-3 所示。

①接通电源 → ②清扫 → ③清洗 → ④整理服务台

图 3-3 中餐厅的餐前准备工作流程

（二）中餐厅的餐前准备工作细则

中餐厅的餐前准备工作细则如表 3-3 所示。

表 3-3　中餐厅的餐前准备工作细则

操作程序	工作标准
① 接通电源	将灯具和其他常用电器设备的电源接通，将通风系统调到适当位置
② 清扫	清洁墙壁、窗帘和室内用具，擦亮窗户和玻璃杯架，清扫地板等
③ 清洗	清洗杯、盘等餐具及其他服务用具，如服务车、容器和调味品盒等
④ 整理服务台	（1）服务台应备有盘、碟、杯、花瓶、餐巾、桌布、毛巾、托盘、冰水、饮料、调味品、杯垫、吸管、打火机、塑料餐具等 （2）检查保温台，保证其正常工作 （3）准备所需食品项目，如冰桶要加满冰块，调味瓶也要加满

接通灯具和其他常用设备的电源

菜架要摆放整齐，保持干净

3.2.2　火锅店的餐前准备工作

（一）火锅店的餐前准备工作流程

火锅店的餐前准备工作流程如图 3-4 所示。

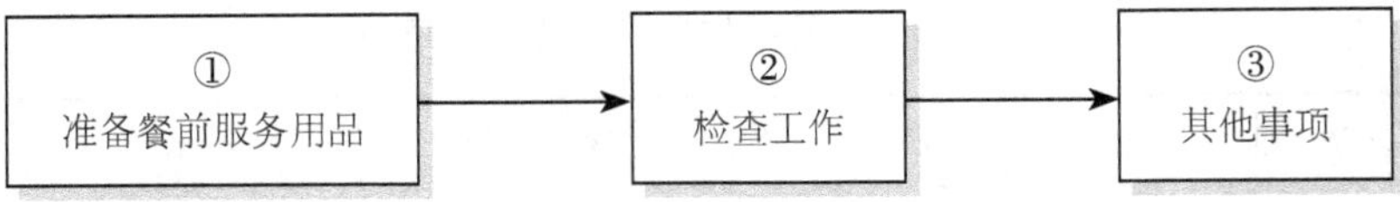

图 3–4　火锅店的餐前准备工作流程

（二）火锅店的餐前准备工作细则

火锅店的餐前准备工作细则如表 3–4 所示。

表 3–4　火锅店的餐前准备工作细则

操作程序	工作标准
① 准备餐前服务用品	准备好调味品（盐、味精、醋、蒜泥）、开水、茶水、加菜单、笔、打火机、起瓶器、牙签盅、汤漏勺等
② 检查工作	检查燃气炉，确保其摆放在规定桌子的中间，开关能正常使用，桌面上餐具干净、无破损
③ 其他事项	（1）值班人员把毛巾车的电源打开，等热气冒出后及时切断电源 （2）菜架应摆放整齐并始终保持干净

3.2.3　摆台准备工作

1. 摆台准备工作流程

摆台准备工作流程如图 3–5 所示。

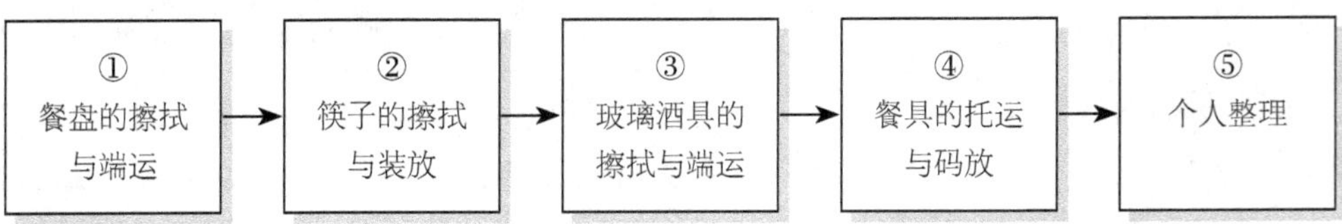

图 3–5　摆台准备工作流程

2. 摆台准备工作细则

摆台准备工作细则如表 3–5 所示。

表 3–5　摆台准备工作细则

操作程序	工作标准
① 餐盘的擦拭及端运	（1）将餐巾的一面贴着盘子边缘，用手捏住餐巾和盘子，擦拭每个盘子的正面和背面，注意要隔着餐巾抓紧盘子 （2）垫着餐巾将擦拭完的盘子摞在一起，用专用布把盘子包好后端到餐厅以备摆台
② 筷子的擦拭与装放	（1）垫着餐巾用左手攥住筷子尾，用右手仔细擦拭筷子头，擦好后将筷子轻轻放入筷套中 （2）装筷子时，注意不要用嘴向筷套吹气，同时双手不要触及筷子头
③ 玻璃酒具的擦拭与端运	（1）左手拿着餐巾，抓住玻璃酒杯的底座部分，右手仔细擦拭玻璃酒杯的里里外外，注意不要用力过猛，以免弄碎酒具 （2）擦拭完毕后要仔细检查一下酒具是否有污渍 （3）用托盘端运时，注意不要用手直接抓杯口
④ 餐具的托运与码放	用托盘将清理好的餐具送到餐厅，并码放好
⑤ 个人整理	在摆台前要先清洁双手，可用消毒毛巾或酒精棉球擦拭双手

准备好叉、勺等分菜用具

摆放金属餐具

3.2.4 零点摆台

1. 零点摆台工作流程

零点摆台工作流程如图 3-6 所示。

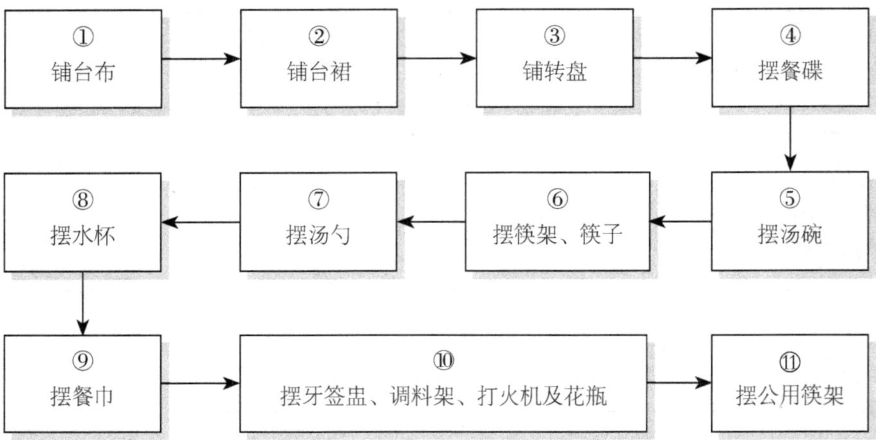

图 3-6　零点摆台工作流程

2. 零点摆台工作细则

零点摆台工作细则如表 3-6 所示。

表 3-6　零点摆台工作细则

操作程序	工作标准
① 铺台布	（1）认真细致地检查台布，如有污垢、破损及皱褶等要立即更换 （2）手持台布站立于餐桌一侧，距桌边约40厘米，将台布抖开，覆盖在桌面上 （3）抖台布时力度及幅度都不可太大，动作要娴熟、干净、利落、一次到位，做到台布平整无褶皱 （4）铺好台布后再次检查台布质量及清洁程度
② 铺台裙	先将台布铺好，再沿顺时针方向用针、胶带固定台布，台布的折摺要均匀平整，针尖要向内，以防对顾客造成伤害

（续表）

操作程序	工作标准
③ 铺转盘	先将转盘和玻璃台面放在转台上，轻轻转动，检查其是否灵活
④ 摆餐碟	将餐碟摆在每位顾客所对台面的正中间，距桌边约2厘米（以大拇指指尖第一关节的长度为准）
⑤ 摆汤碗	将汤碗摆在餐碟左侧偏上的位置，与餐碟间隔1厘米
⑥ 摆筷架、筷子	将筷架摆在餐碟右侧，与汤碗成一条直线，与餐碟间距1厘米，筷子尾部距桌边约1厘米
⑦ 摆汤勺	将汤勺摆在汤碗内，使勺把朝右
⑧ 摆水杯	将水杯摆在餐碟上方，与餐碟的间距约为1厘米
⑨ 摆餐巾	将杯花插入杯中，将盘花置于餐碟上
⑩ 摆牙签盅、调料架、打火机及花瓶	将牙签盅、调料架、打火机及花瓶摆在台面的固定位置上，多数餐厅都摆在台布中线附近
⑪ 摆公用筷架	8人以上的台面应摆放公用筷架，供顾客布菜和取菜时用。将公筷、公勺放在公用筷架上，将筷架摆在个人用餐具的上方或转台上

3.2.5　中餐宴会摆台

1. 中餐宴会摆台流程

中餐宴会摆台流程如图 3-7 所示。

图 3-7　中餐宴会摆台流程

2. 中餐宴会摆台细则

中餐宴会摆台细则如表 3-7 所示。

表 3-7　中餐宴会摆台细则

操作程序	工作标准
① 整理餐台	整理桌椅，保持桌腿平稳、椅子完好，做到“三三两两”摆放，也就是正副主人一侧放三把椅子，另一侧放两把椅子，椅背保持在一条直线上
② 铺台布	按规范操作，要求干净利落、一次到位。铺好的台布要求中缝突面朝上，十字折线居中，四周均匀
③ 放转盘	居中轻放转盘
④ 餐碟定位	从主人位开始，按顺时针方向放置餐碟，要求轻拿轻放。碟边与桌边相距1.5厘米，餐碟之间距离均等
⑤ 摆餐具	将餐具准确摆放在餐桌上

将餐具准确摆放在餐桌上

3.2.6　西餐摆台

1. 西餐摆台流程

西餐摆台流程如图 3-8 所示。

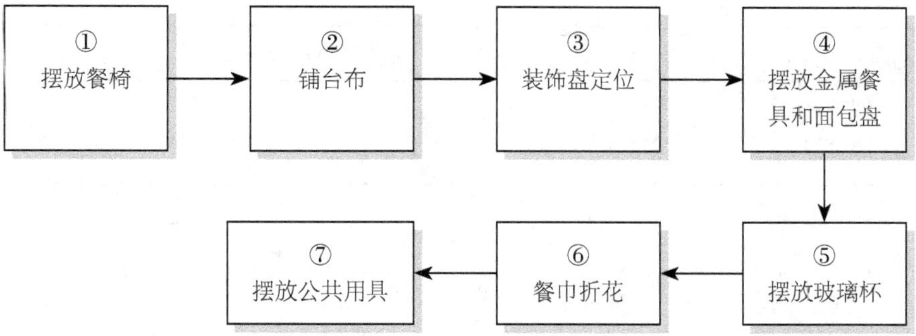

图 3-8　西餐摆台流程

2. 西餐摆台细则

西餐摆台细则如表 3-8 所示。

表 3-8　西餐摆台细则

操作程序	工作标准
① 摆放餐椅	餐台餐椅的摆放应整齐一致
② 铺台布	服务员站立于餐台边，将台布横向打开，双手捏住台布一侧，将台布从餐台另一侧向身体侧慢慢拉到位
③ 装饰盘定位	装饰盘摆放均匀，盘边距桌边2厘米
④ 摆放金属餐具和面包盘	（1）左手托盘，右手操作，从装饰盘的右侧开始 （2）先放餐刀和汤匙，在上端摆放甜品叉和甜品勺，左侧摆放餐叉、面包盘和餐刀 （3）餐刀离装饰盘1厘米，刀口朝左，刀柄离桌边2厘米，汤勺与餐刀平行 （4）甜品叉与甜品勺平行，甜品叉的叉头朝右，甜品勺的勺头朝左 （5）餐叉距桌边2厘米 （6）面包盘的盘心与装饰盘的盘心在同一条横线上 （7）黄油刀子在面包盘的右侧
⑤ 摆放玻璃杯	在餐刀的刀尖延长线上1厘米处摆放冰水杯。在冰水杯的右上角1厘米处摆放红葡萄酒杯，在其右下角1厘米处摆放白葡萄酒杯，三杯的杯身分别相距1厘米
⑥ 餐巾折花	以简洁的盘花为主，达到整齐划一的效果

（续表）

操作程序	工作标准
⑦ 摆放公共用具	摆放好胡椒盅、盐盅、糖盅、淡奶壶

3.3　餐前服务与点菜服务流程

3.3.1　迎宾领位服务

1. 迎宾领位服务流程

迎宾领位服务流程如图 3-9 所示。

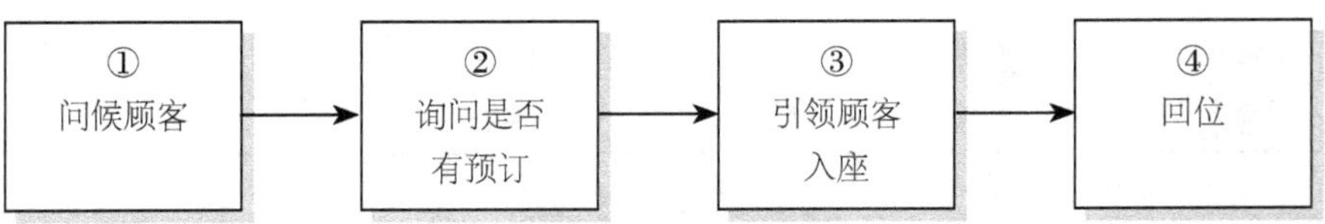

图 3-9　迎宾领位服务流程

2. 迎宾领位服务细则

迎宾领位服务细则如表 3-9 所示。

表 3-9　迎宾领位服务细则

操作程序	工作标准
① 问候顾客	迎宾员领位时应该面带微笑并主动打招呼："您好，欢迎光临！"对熟悉的顾客用姓氏招呼，如"王先生""李女士"

（续表）

操作程序	工作标准
② 询问是否有预订	（1）迎宾员问清顾客人数、是否有预订，确认预订人的姓名或电话号码，若没有预订则需根据就餐人数合理安排座位 （2）若餐厅客满，迎宾员应礼貌地告诉顾客需要等待的时长；若顾客不愿意等候，则应为顾客不能在本餐厅用餐表达歉意，并欢迎其下次光临；若顾客愿意稍候，则应引领顾客至候餐处或休闲区，并为其提供茶水服务 （3）协助顾客在衣帽间存放衣服，并提醒顾客随身携带贵重物品，存好衣服后将取衣牌交给顾客，提示其凭牌取回衣服
③ 引领顾客入座	（1）迎宾员应走在顾客前方，适当调整行走速度，如路线较长或顾客较多时应适时回头，向顾客示意，以免走散 （2）将顾客引到桌边，征询顾客（未预订顾客）的意见，待顾客同意后再请顾客入座 （3）将座椅拉开，当顾客坐下时，用膝盖顶一下椅背，使顾客坐得舒适 （4）招呼服务员接待顾客，并将就餐人数、主人姓名及房间号等信息告知服务员，以便服务员开展下一步工作
④ 回位	与服务员交接完毕后，回到餐厅正门一侧，继续做好迎宾准备工作

3.3.2　茶水服务

1. 茶水服务流程

茶水服务流程如图 3-10 所示。

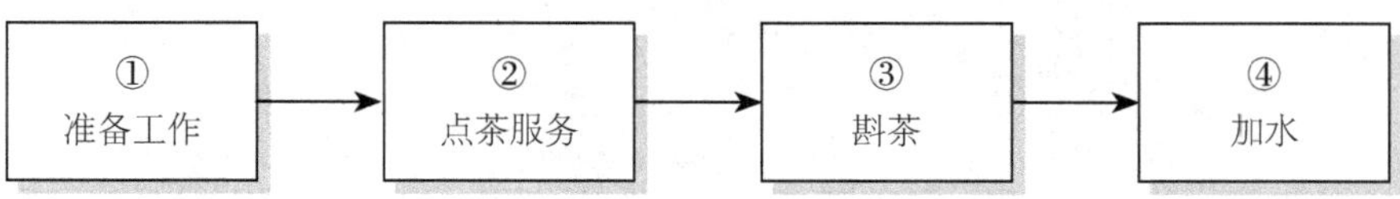

图 3-10　茶水服务流程

2. 茶水服务细则

茶水服务细则如表 3-10 所示。

表 3-10　茶水服务细则

操作程序	工作标准
① 准备工作	（1）开餐前按标准备好各种茶叶 （2）准备好干净、无破损的茶壶，并保证数量充足 （3）往保温壶内注满开水
② 点茶服务	（1）熟练掌握各种茶水知识，向顾客介绍本餐厅提供的各种茶水及其特点 （2）当顾客接受推荐时，为顾客点单 （3）当顾客确定点某种茶后，让负责人尽快取茶叶 （4）为顾客泡茶
③ 斟茶	（1）茶泡好后，要为顾客斟茶。斟茶时，要注意先宾后主、女士优先 （2）斟茶时要一手握壶把，一手拿壶盖，茶水以倒入茶杯4/5的量为宜 （3）斟茶时，要注意茶杯把偏右，壶嘴朝外，不要对着顾客 （4）礼貌地请顾客用茶，然后将茶壶对称摆放在餐桌上
④ 加水	（1）当茶壶内的水只剩下1/3时，要及时为顾客添加开水 （2）如发现茶水淡了，要主动询问顾客是否需要更换茶叶，如顾客同意更换，应满足顾客的要求

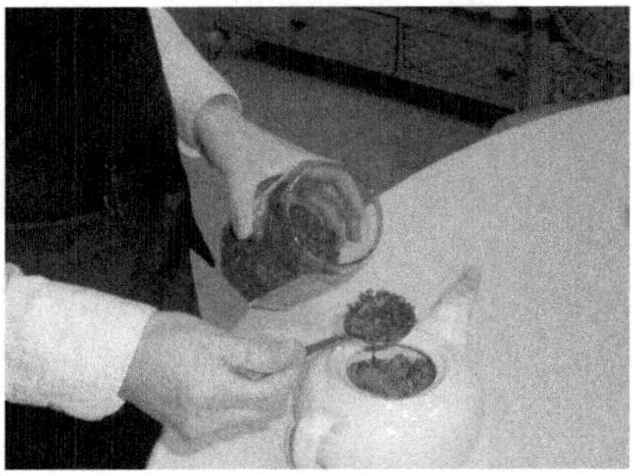

当顾客点好茶叶后，立刻为顾客泡茶

3.3.3　菜单点菜服务

1. 菜单点菜服务流程

菜单点菜服务流程如图 3-11 所示。

图 3–11　菜单点菜服务流程

2. 菜单点菜服务细则

菜单点菜服务细则如表 3–11 所示。

表 3–11　菜单点菜服务细则

操作程序	工作标准
① 递上菜单	将菜单翻至第一页，按照“女士优先”的原则，用双手从顾客右侧将菜单送至顾客手中，然后站在顾客斜后方，也就是能观察到顾客面部表情的地方，上身微躬等待顾客点菜
② 介绍菜品	（1）在顾客点菜前，点菜员应留出充足时间让顾客翻看菜单 （2）在顾客翻看菜单时，点菜员应及时向顾客简单介绍菜单上的菜品，并回答顾客的询问 （3）向顾客介绍厨师长推荐菜、今日特别推荐菜、其他特色菜、畅销菜和高档菜等菜品，并介绍其样式、味道和特色
③ 接受点菜	（1）点菜员先在“点菜宝”上记下日期、本人姓名、台号、就餐人数、菜品等 （2）顾客点菜时，点菜员应注视顾客，听清顾客点的菜名、分量、烹调方式等，适时帮助顾客选择菜品，并准确记录菜名 （3）对于特殊菜品，点菜员应介绍其特殊之处，并向顾客问清所需火候、配料及调料等 （4）若顾客用餐时间较紧，所点菜品制作用时又较长，点菜员应及时向顾客征求意见；若顾客点了相同的菜式，如汤、羹或两道味型类似的菜时，应有礼貌地询问顾客是否需要更换菜式 （5）若顾客有特殊要求，点菜员应在“点菜宝”上清楚写明，并告知厨房、划菜员、区域服务员等相关人员
④ 复述点菜内容	（1）在顾客点完菜后，点菜员应清楚地重复一遍顾客所点菜品的内容，并请顾客确认 （2）收回菜单并向顾客致谢，同时请顾客稍等，告知需等候的时长
⑤ 打印菜品内容	点菜员将顾客所点菜品内容打印出来，放到顾客餐桌上，以备划单

顾客点菜时，点菜员应注视顾客

3.3.4 扫码点菜服务

1. 扫码点菜服务流程

扫码点菜服务流程如图 3–12 所示。

图 3–12 扫码点菜服务流程

2. 扫码点菜服务细则

扫码点菜服务细则如表 3–12 所示。

表 3–12 扫码点菜服务细则

操作程序	工作标准
① 扫描二维码	当顾客进入餐厅就座后，服务员应提示顾客使用手机扫描餐桌上的二维码，进入餐厅的点餐界面
② 自助点餐	顾客查看电子菜单，选择菜品，然后下单
③ 后厨接单	确认订单后系统会自动将其发至厨房，由后厨分单制作

3.4　餐间服务流程

3.4.1　上菜服务

1. 上菜服务流程

上菜服务流程如图 3–13 所示。

图 3–13　上菜服务流程

2. 上菜服务细则

上菜服务细则如表 3–13 所示。

表 3–13　上菜服务细则

操作程序	工作标准
① 准备	（1）根据菜品准备相应的餐具 （2）在菜品到达工作台时，服务员应检查菜品并将服务勺放到盘子的右侧，但不能损坏菜品的形状，同时注意划单
② 上菜	（1）在5分钟之内上凉菜 （2）从副主人位的右侧上菜，服务员应右脚在前左脚在后，上身稍微前倾，双手端着菜盘，将菜品的观赏面朝向顾客，然后将菜轻轻放在转盘上，盘边距转盘边缘2～3厘米，每次上的菜品要转到主人与主宾之间 （3）接到传菜员送到的菜品后，服务员要在最短的时间内把菜端上桌 （4）上菜的顺序为冷菜、热菜、点心、主食、水果
③ 报菜名	上菜后，服务员应后退一步右手五指并拢，在打手势的同时报菜名，对主菜或特色菜应作简单介绍，如有典故可向顾客叙述

（续表）

操作程序	工作标准
④ 摆放	若是两道菜可摆放成“一”字形，若是三道菜则摆放成“品”字形，若是四道菜可摆放成“口”字形，若是五道菜应摆放成“梅花”形，服务员要将菜肴均匀地放在转台上
⑤ 整理	服务员在每次上菜之前都要整理转台，将空盘撤下。如果在整理转台之后还是没有多余的台面可以放置菜肴，在征得顾客同意后可将大盘换成小盘

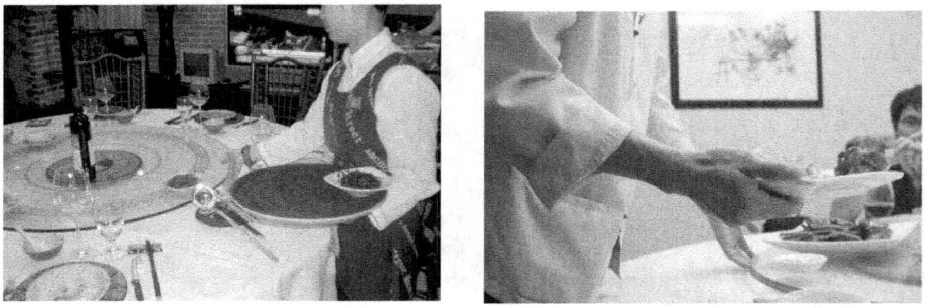

服务员在上菜时，应先给女宾和主宾上菜

3.4.2 火锅服务

1. 火锅服务流程

火锅服务流程如图 3-14 所示。

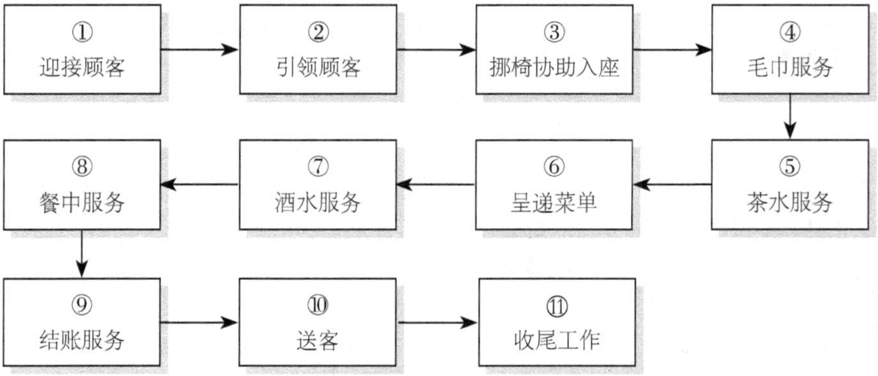

图 3-14 火锅服务流程

2. 火锅服务细则

火锅服务细则如表 3-14 所示。

表 3-14　火锅服务细则

操作程序	工作标准
① 迎接顾客	在开餐前半小时完成准备工作，保持标准姿态站立在规定区域
② 引领顾客	（1）迎宾员首先确认顾客是否有预订，如顾客尚未预订，可征求顾客意见安排空桌；如已预订，则确认后引领顾客入座 （2）迎宾员引领顾客入座时，应与顾客保持1～1.5米的距离，在顾客的左前方引领，并注意顾客是否有跟上 （3）迎宾员用右手为顾客指示方向，同时说“先生/小姐（女士），这边请” （4）迎宾员将顾客带到其预订的餐桌前，并征询顾客意见：“先生/小姐（女士），这是您预订的位置，您看可以吗？”待顾客同意后，再示意顾客入座 （5）迎宾员帮助顾客轻轻拉开餐椅，待顾客落座时轻轻送回 （6）迎宾员与服务员交接，告知其顾客就餐人数、主宾姓名等信息，以便服务员提供后续服务 （7）对每一位经过身边的顾客都应点头问好
③ 挪椅协助入座	（1）迎宾员将顾客领进餐厅时，服务员应主动礼貌地问候顾客：“您好，欢迎光临！” （2）待顾客确定好座位后，服务员应主动协助，为顾客挪椅方便其入座，同时说“先生/小姐（女士），您请坐”并以手势示意
④ 毛巾服务	（1）顾客入座后，提供第一次毛巾或热湿巾服务 （2）毛巾温度应在40度左右，湿度以手握不出水为宜 （3）根据先宾后主、女士优先的原则，站在顾客左侧提供服务 （4）顾客用过毛巾后，服务员在经顾客同意后撤掉毛巾
⑤ 茶水服务	（1）上茶水时应注意茶水的温度，不能是凉茶，以免顾客误会 （2）斟茶时应按先宾后主、女士优先的原则，在顾客右侧提供服务。服务员左手提茶壶，右手翻茶杯，再换右手为顾客斟茶倒水 （3）茶水应斟倒八分满 （4）将茶壶放于备餐台上，不可将茶壶嘴对着顾客

（续表）

操作程序	工作标准
⑥ 呈递菜单	（1）顾客入座后，服务员应检查菜单，保证菜单干净、整洁、无损 （2）服务员将菜单呈送至顾客手中后站在顾客右侧，按用餐人数调整好餐具的数量 （3）询问顾客的口味偏好，主动介绍菜品特点，特别是本店的特色菜 （4）在顾客点菜的过程中，服务员应先将顾客点的锅底告知厨房 （5）服务员检查菜单，及时送单到吧台和厨房
⑦ 酒水服务	询问顾客所需酒水、饮料，如顾客难以确定，服务员应主动向顾客介绍酒水和饮料，为顾客提供酒水服务
⑧ 餐中服务	（1）服务员应根据用餐人数摆上油碟，按顾客要求上锅、点火，为顾客斟好第一杯酒 （2）上菜时，如顾客点了凉菜，要先上凉菜，等顾客用过凉菜后或顾客准备开始涮菜时，再把其他菜品送到餐桌上，按照先特色菜、荤菜，后豆制品、素菜的顺序上菜 （3）勤换茶碟，不能等到茶碟上的东西已堆满时才更换
⑨ 结账服务	（1）当顾客买单时，服务员应清点核对酒水数量，把未使用的酒水拿回吧台，将菜单交给收银台结算 （2）服务员要准确告知顾客其消费金额 （3）顾客买单时，收银员不仅要问清结账方式，而且要询问顾客有无优惠卡等 （4）把找赎、收银条交给顾客以核对钱、票是否准确
⑩ 送客	（1）为顾客挪椅协助其离座，为其取送衣帽 （2）欢送顾客：“请慢走，欢迎再次光临！”
⑪ 收尾工作	（1）顾客离开后，服务员应再次检查有无顾客遗留物品，台上有无未熄灭的烟头 （2）待所有顾客离开后，关掉燃气 （3）立即将桌面上的剩菜、锅底分类清理 （4）将餐具统一放回塑料框，分类清理 （5）清理备餐台，收走空酒瓶、饮料罐，做好桌面清洁工作 （6）按标准重新摆台，以便再次使用

为顾客更换小毛巾

为顾客斟茶

3.4.3　分鱼服务

1. 分鱼服务流程

分鱼服务流程如图 3–15 所示。

①准备工作 → ②把鱼放在台上 → ③开鱼 → ④分鱼

图 3–15　分鱼服务流程

2. 分鱼服务细则

分鱼服务细则如表 3–15 所示。

表 3–15　分鱼服务细则

操作程序	工作标准
① 准备工作	用托盘将刀、叉、勺、骨碟送至顾客的餐台并摆放好

（续表）

操作程序	工作标准
② 把鱼放在台上	双手端着鱼盘的两边，摆放时使鱼尾对着自己
③ 开鱼	左手拿叉、右手拿刀，从鱼颈开始一直切到鱼尾，用叉和刀从鱼颈开始把主骨取出，放在骨碟上
④ 分鱼	用勺把汁淋在鱼肉上，按照女士优先的原则，用叉和勺把鱼肉分到顾客碗里，用骨碟把主骨带走

3.4.4　带骨、带壳和块状菜品服务

1. 带骨、带壳和块状菜品服务流程

带骨、带壳和块状菜品的服务流程如图 3–16 所示。

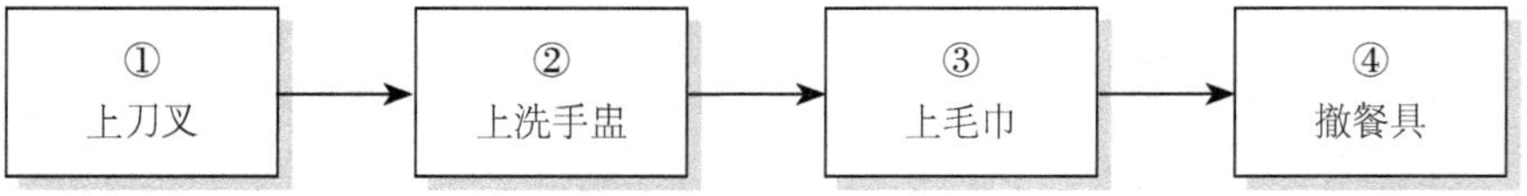

图 3–16　带骨、带壳和块状菜品服务流程

2. 带骨、带壳和块状菜品服务细则

带骨、带壳和块状菜品的服务细则如表 3–16 所示。

表 3–16　带骨、带壳和块状菜品服务细则

服务程序	工作标准
① 上刀叉	（1）当顾客点了体积较大的块状食物时，服务员在上菜之前须为顾客摆上刀叉 （2）将刀叉整齐地放在铺有餐巾的托盘上，摆在餐碟两侧
② 上洗手盅	（1）当顾客点了虾、蟹或鸡翅等带骨、带壳的菜品时，服务员应送上温度适中的洗手盅 （2）将洗手盅摆在餐位右上方，礼貌地向顾客说明用途

（续表）

服务程序	工作标准
③ 上毛巾	递送小毛巾并敬送茶水
④ 撤餐具	顾客用完这道菜并洗手后，服务员将洗手盅、茶具和小毛巾撤下。当顾客吃完这道菜后，服务员应及时将刀叉撤下

3.4.5　桌面分菜服务

1. 桌面分菜服务流程

桌面分菜服务流程如图 3–17 所示。

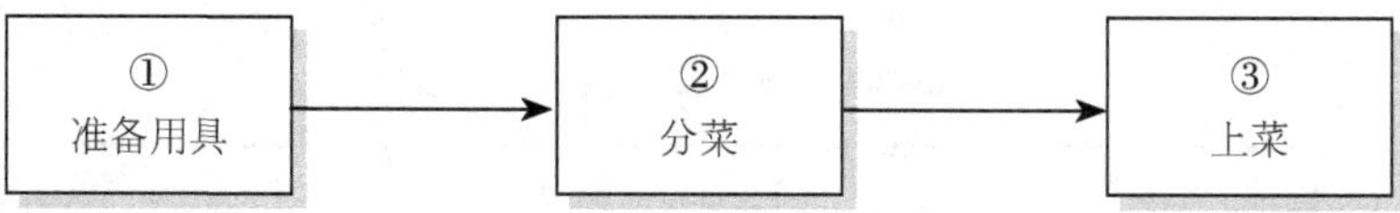

图 3–17　桌面分菜服务流程

2. 桌面分菜服务细则

桌面分菜服务细则如表 3–17 所示。

表 3–17　桌面分菜服务细则

服务程序	工作标准
① 准备用具	（1）分鱼肉类菜品时，服务员应准备刀、叉、匙各一把 （2）分炒菜时，服务员应准备匙、叉各一把或一双筷子、一把长柄匙
② 分菜	（1）两名服务员配合操作，一名服务员分菜，另一名服务员为顾客送菜 （2）分菜的服务员站在副主人位右边第一个座位与第二个座位中间，右手执叉、匙夹菜，左手执长柄匙接挡，以防菜汁滴落在桌面上 （3）另一名服务员站在顾客右侧，把餐盘递给分菜的服务员，待菜肴分好后再将餐盘放回顾客面前
③ 上菜	上菜的顺序为主宾、副主宾、主人，然后按顺时针方向分送

3.4.6 服务桌分菜服务

1. 服务桌分菜服务流程

服务桌分菜服务流程如图 3–18 所示。

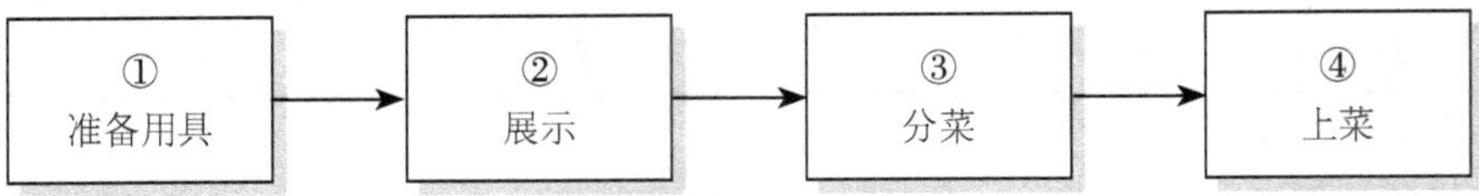

图 3–18 服务桌分菜服务流程

2. 服务桌分菜服务细则

服务桌分菜服务细则如表 3–18 所示。

表 3–18 服务桌分菜服务细则

服务程序	工作标准
① 准备用具	在顾客餐桌旁放置服务桌，准备好干净餐盘并放在服务桌一侧，备好叉、匙等分菜用具
② 展示	服务员先把菜品放在餐桌上，向顾客介绍其名称及特色，然后把菜品放到服务桌上分菜
③ 分菜	分菜服务员在服务桌上将菜品均匀、快速地分到每位顾客的餐盘中
④ 上菜	分好菜后，服务员从右侧将餐盘送到顾客面前，上菜顺序与桌面分菜顺序相同

3.4.7 特殊菜肴分菜服务

1. 特殊菜肴的类别

特殊菜肴的类别如图 3–19 所示。

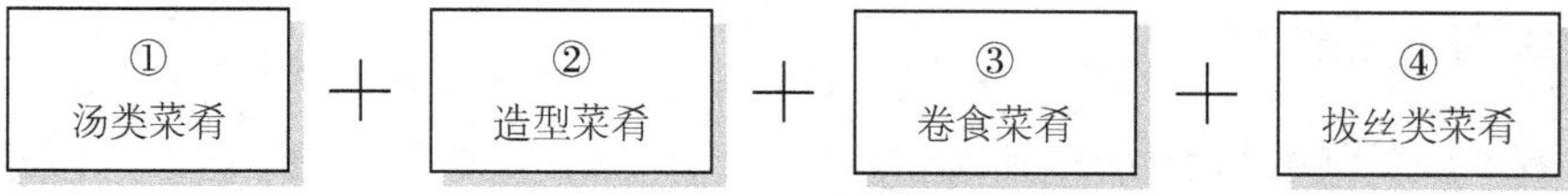

图 3-19　特殊菜肴的类别

2. 特殊菜肴分菜服务细则

各类特殊菜肴分菜服务细则如表 3-19 所示。

表 3-19　特殊菜肴分菜服务细则

服务程序	工作标准
① 汤类菜肴	先将容器内的汤分别盛入顾客碗内，再将汤中原料均匀地分入顾客的汤碗中
② 造型菜肴	将造型菜肴均匀地分给每位顾客，如果其造型较大，可先分一半，然后再分其余部分
③ 卷食菜肴	如果老人或儿童较多，服务员需要将吃碟摆放于菜肴周围，放好铺卷外层，然后逐一将被卷食材放于铺卷外层上，最后逐一卷好送到每位顾客面前
④ 拔丝类菜肴	一位服务员取菜分菜，另一位服务员快速将分好的菜递给顾客

3.4.8　餐中服务

1. 餐中服务流程

餐中服务流程如图 3-20 所示。

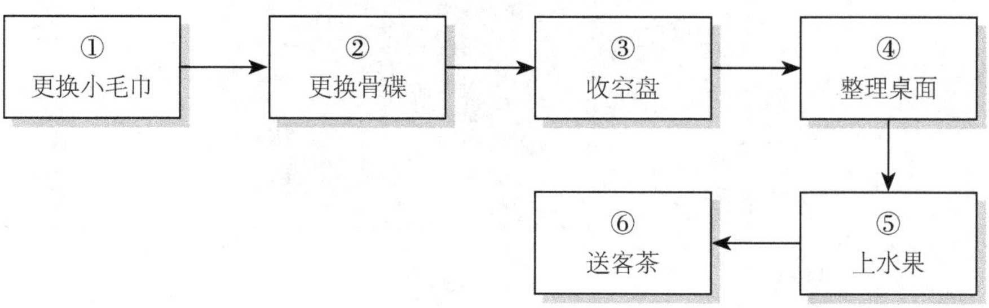

图 3-20　餐中服务流程

2. 餐中服务细则

餐中服务细则如表 3-20 所示。

表 3-20　餐中服务细则

操作程序	工作标准
① 更换小毛巾	（1）从毛巾柜里取出温度、湿度适宜的小毛巾，放于毛巾篮内 （2）用两个毛巾夹进行服务。从主宾开始，服务员站在顾客左侧按顺时针方向进行更换，用一个毛巾夹将脏毛巾夹取到托盘内，再用另一个毛巾夹夹取新的毛巾放至毛巾托内
② 更换骨碟	在用餐过程中，如果骨碟上的残渣超过1/3就要及时更换。服务员应先收脏的骨碟，再换上干净的骨碟
③ 收空盘	当转盘上有空盘时，服务员应及时撤下
④ 整理桌面	（1）当餐桌、转台上有脏物时，服务员应用脏物夹及时清理，并用专用餐巾纸擦拭，保持台面清洁 （2）服务员在上水果前应先清理桌面，征得顾客同意后将顾客面前的酒杯、骨碟、碗、勺整理干净
⑤ 上水果	为每位顾客换上新骨碟并送上水果叉，将水果叉摆放在骨碟的右侧1/3处，接着送上例份的水果
⑥ 送客茶	送上水果之后，服务员应再次奉上送客茶，同时征求顾客对菜肴和服务的意见

更换骨碟

3.4.9　自助餐服务

1. 自助餐服务流程

自助餐服务流程如图 3-21 所示。

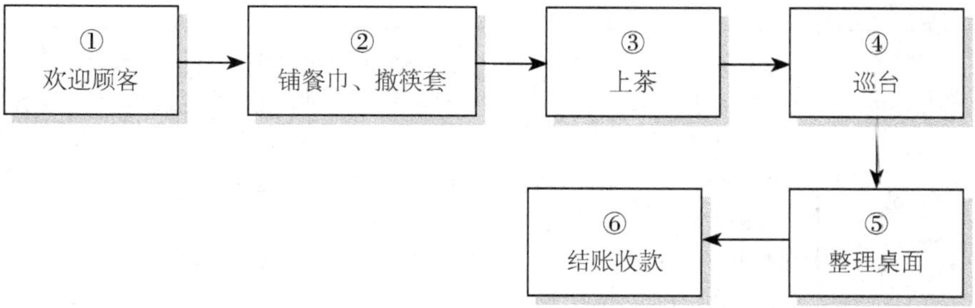

图 3-21　自助餐服务流程

2. 自助餐服务细则

自助餐服务细则如表 3-21 所示。

表 3-21　自助餐服务细则

操作程序	工作标准
① 欢迎顾客	（1）当顾客来到餐厅时，迎宾员要热情地上前问候，询问顾客是否有预订及用餐人数 （2）引领顾客到合适座位，为顾客拉椅让座
② 铺餐巾、撤筷套	服务员从顾客右侧拿起餐巾，解开餐巾花轻轻地铺在顾客桌上，同时从顾客右侧为顾客撤去筷套，并将筷套收走
③ 上茶	（1）顾客坐下后，服务员应询问顾客所需茶水的种类，并根据用餐人数泡好茶 （2）泡好茶水后，服务员要从顾客右侧斟茶，斟茶时，应斟至茶杯的八分满，不要将茶水滴落在顾客身上或台布上
④ 巡台	（1）在顾客用餐的过程中，服务员应不断巡视，随时将桌面上的空盘、脏盘撤下，保持桌面干净、整洁 （2）及时给顾客添茶水 （3）主动为不习惯或不方便取食物的顾客取送菜品和饮料

（续表）

操作程序	工作标准
⑤ 整理桌面	（1）当餐桌、转台上有脏物时，服务员应用脏物夹及时清理，并用专用餐巾纸擦拭，保持台面清洁 （2）服务员在送上水果前应先清理桌面，征得顾客同意后将顾客面前的酒杯、骨碟、碗、勺清理干净
⑥ 结账收款	（1）在顾客用餐结束后，服务员应及时清点顾客所点的食品与饮料，通知收银员准备结账，确认无误后，将账单放入钱夹内。当顾客示意结账时，服务员应先派送香巾，然后递送账单 （2）将账单呈递到顾客面前，同时告诉顾客应付金额数目。如果是现金结账，应在顾客面前点清款项，然后代客到收银处交款，找回余款后连同账单一起递送给顾客，并向顾客道谢。如果找回余款数额较大，服务员应站在一侧，待顾客查点无误并收妥后方可离开 （3）如顾客以签单的形式结账，服务员应核对顾客的姓名、房号；如顾客用信用卡或支票结账，服务员则应交给收银员处理

3.4.10 西餐宴会服务

1. 西餐宴会服务流程

西餐宴会服务流程如图 3-22 所示。

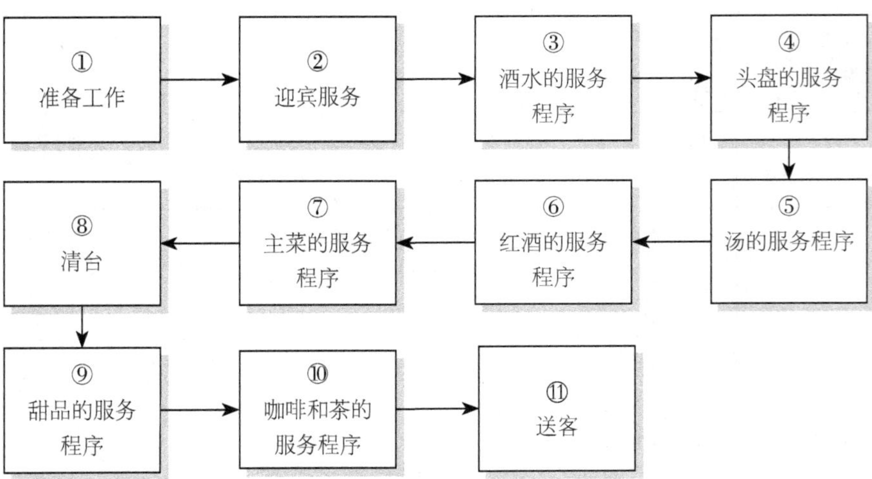

图 3-22　西餐宴会服务流程

2. 西餐宴会服务细则

西餐宴会服务细则如表 3-22 所示。

表 3-22　西餐宴会服务细则

操作程序	工作标准
① 准备工作	开餐前半小时，一切准备工作就绪，并经楼面主管或领班检查合格： （1）服务员往水杯中注入4／5的冰水，并将蜡烛点燃 （2）将面包放在面包篮里并摆放在桌上，将黄油放在黄油罐里
② 迎宾服务	（1）迎宾员将餐厅大门打开，迎候顾客。服务员各就各位，站在宴会桌边，面向门口方向 （2）顾客到来后，服务员应问候顾客，确定顾客的身份，为顾客拉椅入座，并从右侧为顾客铺上餐巾
③ 酒水的服务程序	一般情况下先为顾客提供白葡萄酒或按顾客要求进行
④ 头盘的服务程序	（1）服务员在上头盘时，应从顾客的右侧先给女宾和主宾上菜 （2）当顾客放下刀叉后，服务员应询问顾客是否同意撤盘，得到顾客的允许后，服务员应从顾客的右侧将盘子和刀叉一同撤下
⑤ 汤的服务程序	（1）服务员将汤碗放在汤碟上面，从顾客的右侧提供服务 （2）待多数顾客不再饮用时，服务员应询问顾客是否可以撤汤，得到顾客的允许后，要从顾客的右侧将汤碗、汤碟和汤勺一同撤下
⑥ 红酒的服务程序	（1）先请主人试酒，然后为其他顾客提供红酒 （2）询问顾客是否用白酒，如不用，可将白酒杯撤下
⑦ 主菜的服务程序	（1）上主菜时，服务员应从顾客右侧上菜 （2）待顾客放下刀叉后，服务员应上前询问顾客是否可以撤盘，得到顾客的允许后，从顾客的右侧将盘子和主刀叉一同撤下
⑧ 清台	（1）用托盘将面包盘、刀、黄油碟、椒盐瓶全部撤下 （2）用服务叉、勺将台面残留物收走
⑨ 甜品的服务程序	（1）先将甜食叉勺打开，做到左叉右勺 （2）从顾客的右侧送上甜食 （3）待顾客放下叉勺后，服务员应询问顾客是否可以撤盘，得到其允许后，将盘子和甜食叉一同撤下

（续表）

操作程序	工作标准
⑩ 咖啡和茶的服务程序	（1）先在餐桌上摆好糖罐、奶盅 （2）将咖啡杯摆在顾客面前 （3）用新鲜的热咖啡和茶为顾客服务 （4）礼貌征询顾客的意见、建议
⑪ 送客	宴会结束时，服务员要为顾客拉椅，然后站在桌旁礼貌地目送顾客离开，并欢迎顾客下次再来

3.4.11 自助宴会服务

1. 自助宴会服务流程

自助宴会服务流程如图 3–23 所示。

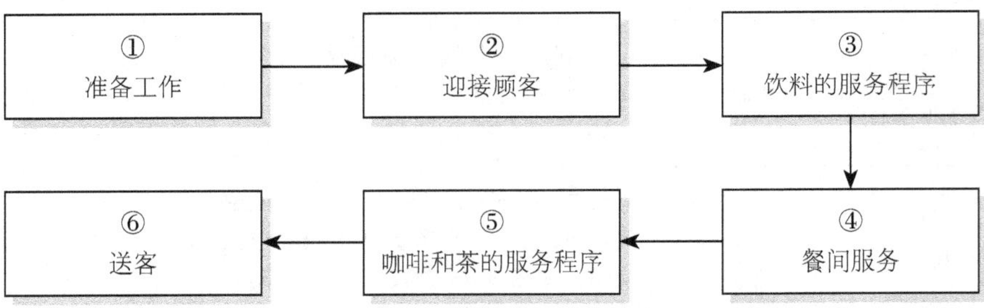

图 3–23　自助宴会服务流程

2. 自助宴会服务细则

自助宴会服务细则如表 3–23 所示。

表 3–23　自助宴会服务细则

操作程序	工作标准
① 准备工作	开餐前半小时，一切工作都应准备就绪，自助餐台的食品要加热并上齐，打开餐厅大门，迎宾员准备迎接顾客，服务员各就各位
② 迎接顾客	服务员应问候顾客，为顾客拉椅入座，从右侧为顾客铺餐巾

（续表）

操作程序	工作标准
③ 饮料的服务程序	服务员应询问顾客所需饮料，然后站在顾客右侧将饮料倒入杯中
④ 餐间服务	（1）餐间，服务员要随时撤下顾客用过的餐具 （2）服务员应随时为顾客添加饮料 （3）顾客吃甜食时，服务员应撤下主刀、主叉、汤勺、面包刀、面包盘等餐具 （4）保持食品台的整洁，随时添加各种餐具和食品
⑤ 咖啡和茶的服务程序	（1）顾客开始吃甜食时，服务员应准备送上咖啡和茶 （2）先将糖罐、奶盅准备好，摆上桌 （3）服务员询问顾客用咖啡还是用茶，然后为顾客提供热咖啡或茶 （4）征询顾客的意见时，态度要诚恳
⑥ 送客	宴会结束时，服务员要为顾客拉开座椅，并提醒顾客查看有无遗漏物品，然后站在桌旁礼貌地目送顾客离开，并欢迎顾客再次光临

3.4.12　团队餐服务

1. 团队餐服务流程

团队餐服务流程如图 3-24 所示。

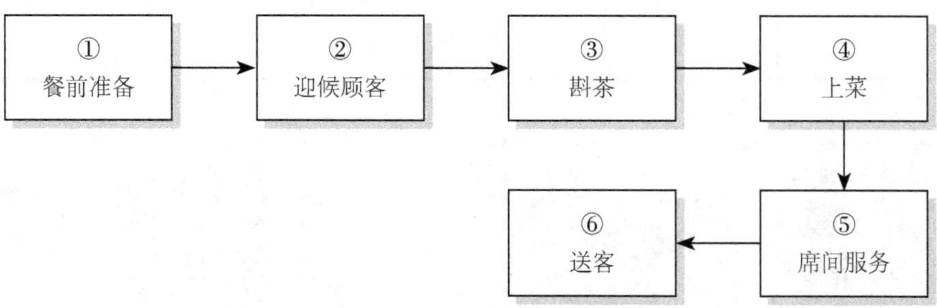

图 3-24　团队餐服务流程

2. 团队餐服务细则

团队餐服务细则如表 3-24 所示。

表 3-24　团队餐服务细则

操作程序	工作标准
① 餐前准备	（1）用餐前，服务员应做好餐厅的环境卫生工作 （2）备好各类餐具和茶水，准备迎接顾客
② 迎候顾客	（1）顾客到达餐厅时，服务员应主动、热情地迎接顾客，引导顾客入座 （2）对宗教信仰和风俗习惯不同的顾客予以特殊安排
③ 斟茶	顾客入座后，服务员要立即为顾客斟茶
④ 上菜	顾客到齐后，服务员开始上菜，并且要掌握好上菜节奏
⑤ 席间服务	（1）将温度适中的毛巾放在毛巾托内，根据“女士优先，先宾后主”的原则，按顺时针方向，从顾客右侧将毛巾放在餐位的右侧，并对顾客说：“打扰了，请用毛巾。” （2）顾客食用完用手处理的食品后，服务员应送上毛巾，送上点心之前服务员应更换毛巾
⑥ 送客	（1）当顾客要起身时，服务员要主动为顾客拉开座椅，随后递上顾客携带的物品 （2）顾客离开餐桌时，服务员应迅速检查周围是否有顾客遗留的物品，并及时处理其遗留物品 （3）当顾客离开餐厅时，服务员要主动向每一位顾客道别，欢迎其再次光临。和顾客道别时，服务员应微笑着注视顾客

用餐前，服务员要做好餐厅环境卫生工作

服务员要及时更换毛巾

3.4.13　鸡尾酒会服务

1. 鸡尾酒会服务流程

鸡尾酒会服务流程如图 3–25 所示。

图 3–25　鸡尾酒会服务流程

2. 鸡尾酒会服务细则

鸡尾酒会服务细则如表 3–25 所示。

表 3–25　鸡尾酒会服务细则

操作程序	工作标准
① 准备托盘	服务员使用干净的托盘，在托盘上铺上餐巾，将饮料放在托盘上，并保持托盘平衡
② 为顾客提供饮料	（1）将放有饮料的托盘平稳地托在胸前，切忌将饮料托盘扛在肩膀上 （2）走向顾客并主动给顾客提供托盘上的饮料和餐巾 （3）准备回吧台补充饮料时，服务员应将空杯子收拾好放在托盘上一并带回 （4）将使用过的杯子放在服务吧台的脏杯架上 （5）用洁净的湿布将托盘上的污渍擦拭干净
③ 为顾客提供食品	（1）服务员托稳装满食品的托盘，主动为顾客提供食品 （2）如果顾客需要食品，服务员应将托盘的高度降至顾客胸部的位置，尽量不要打扰顾客的谈话 （3）服务员应及时补充食品，并重新装盘 （4）准备回厨房或其他地方重新装盘时，服务员应将空盘子放在托盘上一并带回餐具室 （5）用一块干净的湿布擦拭托盘和餐桌上的污渍

3.5 酒水服务流程

3.5.1 白酒服务

1. 白酒服务流程

白酒服务流程如图 3–26 所示。

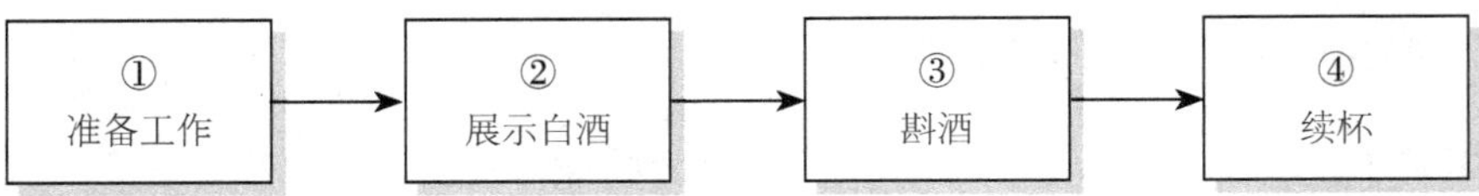

图 3–26 白酒服务流程

2. 白酒服务细则

白酒服务细则如表 3–26 所示。

表 3–26 白酒服务细则

操作程序	工作标准
① 准备工作	（1）顾客订酒后，服务员应立即取酒，往返时间不得超过5分钟 （2）准备一块叠成12厘米见方的干净餐巾 （3）准备好和顾客人数相符的白酒杯
② 展示白酒	服务员在左手掌心放上餐巾，将白酒放在餐巾上，右手扶住酒瓶上端，并呈45度倾斜，商标向上，为顾客展示白酒
③ 斟酒	（1）征得顾客同意后，服务员在顾客面前打开白酒 （2）服务时，左手持方形餐巾，右手持白酒瓶，按照女士优先、先宾后主的原则，从顾客右侧依次为顾客倒酒 （3）将白酒倒入酒杯的4/5即可 （4）倒完一杯后轻轻转动瓶口，避免酒滴在台布上，再用左手中的餐巾擦拭瓶口

（续表）

操作程序	工作标准
④ 续杯	（1）随时为顾客加酒 （2）当整瓶酒将要斟完时，应询问主宾是否需要再加一瓶，如其同意则服务流程同上 （3）如不再加酒，则及时撤走空杯

向顾客展示白酒

将白酒倒入酒杯的4/5即可

3.5.2 黄酒服务

1. 黄酒服务流程

黄酒服务流程如图 3-27 所示。

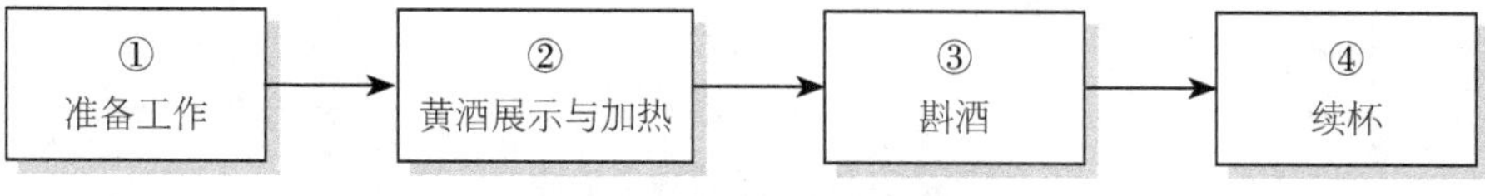

图 3-27 黄酒服务流程

2. 黄酒服务细则

黄酒服务细则如表 3-27 所示。

表 3-27　黄酒服务细则

操作程序	工作标准
① 准备工作	（1）顾客订酒后，服务员应立刻取酒，并准备与顾客人数相对应的黄酒杯 （2）取加热杯及黄酒壶，在加热杯内装1/3的开水 （3）将加热杯放在加热杯架上，并在加热杯上横放一条叠好的餐巾
② 黄酒展示与加热	（1）用一块干净的餐巾垫着黄酒坛向顾客展示，将商标面向顾客，然后告诉顾客需等候的加热时间 （2）将黄酒打开并倒入黄酒壶内，再将黄酒壶放入盛有开水的加热杯内加热2～3分钟即可 （3）将酒杯放在顾客筷子的右上方
③ 斟酒	（1）将加热杯架拿到主人座位的右侧 （2）当黄酒加热至35℃左右时开始斟酒 （3）服务员斟酒时，左手拿餐巾，右手从加热杯中拿出黄酒壶，用餐巾将壶底部擦干净，站在顾客的右侧，按女士优先、先宾后主的原则依次为顾客倒酒，倒入4/5杯即可
④ 续杯	（1）随时为顾客加酒 （2）当整壶酒将要斟完时，服务员应询问主宾是否需要再加一壶，如其同意则服务流程同上 （3）如不再加酒，则及时撤走空杯

3.5.3　啤酒服务

1. 啤酒服务流程

啤酒服务流程如图 3-28 所示。

图 3-28　啤酒服务流程

2. 啤酒服务细则

啤酒服务细则如表 3-28 所示。

表 3-28　啤酒服务细则

操作程序	工作标准
① 推销及建议	（1）在顾客选择饮品时，服务员应向其介绍本餐厅提供的啤酒及其特点（如酒的度数等） （2）服务员为顾客写订单并到柜台取酒，这段时间不得超过5分钟
② 斟酒	（1）用托盘送来啤酒及酒杯，依据女士优先、先宾后主的原则斟酒 （2）提供服务时，服务员站在顾客右侧，左手托托盘，右手将啤酒杯放在顾客餐盘的右上方，倒啤酒时应使啤酒沿杯壁慢慢滑入杯中，以减少泡沫量 （3）倒酒时，应将酒瓶商标面向顾客 （4）啤酒应斟十分满，但不得溢出杯外 （5）如瓶中啤酒未倒完，则应把酒瓶商标面向顾客，摆放在酒杯右侧
③ 续杯	（1）随时为顾客加啤酒 （2）当杯中啤酒仅剩1/3时，服务员应主动询问顾客是否需要续杯 （3）如不需要续杯，则及时撤下空杯

3.5.4　葡萄酒服务

1. 葡萄酒服务流程

葡萄酒服务流程如图 3-29 所示。

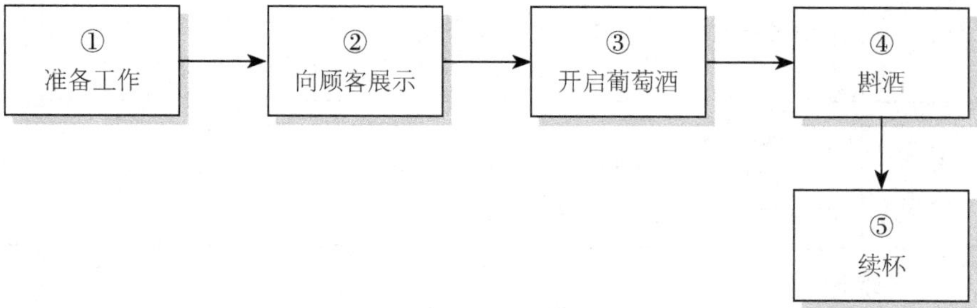

图 3-29　葡萄酒服务流程

2. 葡萄酒服务细则

葡萄酒服务细则如表 3-29 所示。

表 3–29　葡萄酒服务细则

操作程序	工作标准
① 准备工作	（1）顾客订完酒后，服务员应立即去酒吧取酒，往返时间不得超过5分钟 （2）检查葡萄酒的说明及年份 （3）在冰桶中放入1/3的冰块，再放入1/2的水后，将其放在冰桶架上，并配一条叠成8厘米宽的条状餐巾 （4）服务员将葡萄酒放入冰桶中，使商标朝上 （5）在顾客水杯的右侧摆放葡萄酒杯
② 向顾客展示	（1）服务员将准备好的冰桶架、冰桶、餐巾条、小酱油碟一次性拿到主人座位的右侧，将小酱油碟放在主人餐具的右侧 （2）服务员左手持餐巾，右手持葡萄酒瓶，将酒瓶底部放在餐巾中间 （3）右手持用餐巾包好的酒瓶，左手轻托住酒瓶底部，送至主宾面前，请主宾看清酒的商标，并问主宾是否可以为其倒酒
③ 开启葡萄酒	（1）得到顾客允许后，服务员将酒放回冰桶中，左手扶住酒瓶，右手用开酒刀割开铅封，并用一块干净的餐巾将瓶口擦干 （2）将酒钻垂直钻入木塞，注意不要旋转酒瓶，待酒钻完全钻入木塞后，轻轻拔出木塞，保证木塞出瓶时不发出声音 （3）将木塞放入小酱油碟中，摆放在主宾葡萄酒杯的右侧
④ 斟酒	（1）服务员右手持用条状餐巾包好的酒瓶，使商标朝向顾客，从主宾右侧为主宾斟1/5杯的葡萄酒，请主宾确认并品评 （2）在主宾认可后，服务员按女士优先、先主后宾的原则依次为顾客斟酒，斟酒时应站在顾客的右侧，斟入2/3杯即可 （3）每斟完一杯酒要轻轻转动一下酒瓶，以免酒滴出 （4）斟完后，服务员将葡萄酒放回冰桶，保证商标向上
⑤ 续杯	（1）随时为顾客添葡萄酒 （2）当整瓶酒将要斟完时，服务员应询问主宾是否需要再加一瓶，如不需要加酒，待顾客喝完酒后立即撤下空杯

3.5.5　葡萄汽酒服务

1. 葡萄汽酒服务流程

葡萄汽酒服务流程如图 3–30 所示。

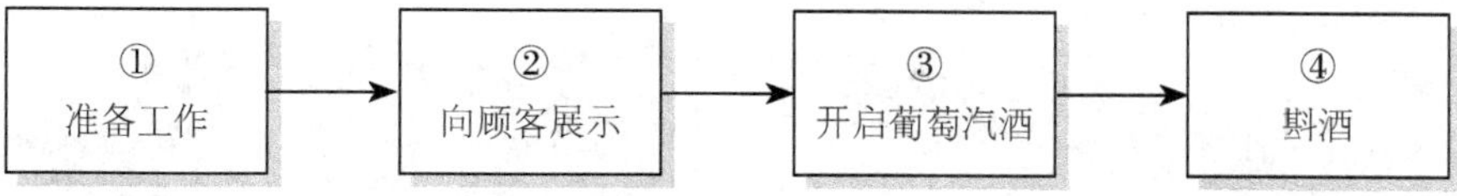

图 3-30 葡萄汽酒服务流程

2. 葡萄汽酒服务细则

葡萄汽酒服务细则如表 3-30 所示。

表 3-30 葡萄汽酒服务细则

操作程序	工作标准
① 准备工作	（1）准备好冰桶 （2）服务员将酒从酒吧中取出，擦拭干净后放在冰桶内冰镇 （3）将酒连同冰桶和冰桶架一起放到顾客桌旁，以不影响正常服务为宜
② 向顾客展示	（1）服务员将准备好的冰桶架、冰桶、餐巾条、小酱油碟一次性拿到主宾座位的右侧，将小酱油碟放在主宾餐具的右侧 （2）服务员左手持餐巾，右手持葡萄汽酒瓶，将酒瓶底部放在餐巾的中间，再将条状餐巾两端拉起至酒瓶商标以上部位，使商标露出 （3）服务员右手持用餐巾包好的酒，用左手轻托住酒瓶底部，送至主宾面前，请主宾看清酒的商标，并询问主宾是否可以为其倒酒
③ 开启葡萄汽酒	（1）服务员将酒瓶从冰桶内取出向主宾展示，待主宾确认后再放回冰桶内 （2）服务员用酒刀将瓶口处的锡纸割开除去，将酒瓶倾斜45度，左手握住瓶颈，同时用拇指压住瓶塞，右手将捆扎瓶塞的铁丝拧开、取下，用干净餐巾包住瓶塞顶部，左手依旧握住瓶颈，右手握住瓶塞，双手同时反方向转动并缓慢地上提瓶塞，直至瓶内气体将瓶塞完全顶出 （3）开瓶时，服务员的动作不宜过猛，不要将瓶口朝着顾客
④ 斟酒	（1）斟酒时服务员右手持酒瓶，从顾客右侧、沿顺时针方向按女士优先、先宾后主的原则斟酒 （2）斟酒量为2/3杯 （3）每斟一杯酒，服务员最好分两次完成，以免杯中泡沫溢出，斟完酒后需将瓶身顺时针轻转一下，以防止瓶口的酒滴落 （4）酒的商标始终朝向顾客 （5）服务员为所有的顾客斟完酒后，将酒瓶放回冰桶内冰镇 （6）当酒瓶中只剩下一杯酒的酒量时，服务员需及时询问顾客是否准备打开另外一瓶

为顾客展示葡萄酒

为顾客斟酒

3.5.6 饮料服务

1. 饮料服务流程

饮料服务流程如图 3-31 所示。

图 3-31　饮料服务流程

2. 饮料服务细则

饮料服务细则如表 3-31 所示。

表 3-31　饮料服务细则

操作程序	工作标准
① 准备	（1）服务员为顾客写订单并到柜台取饮料，往返时间不得超过5分钟 （2）将饮料和杯具放在托盘上 （3）注意，一定要当着顾客的面开启饮料
② 饮料服务	（1）将饮料杯放于顾客右侧 （2）从顾客右侧按顺时针方向服务，按照女士优先、先宾后主的原则操作 （3）服务员用右手为顾客倒饮料，速度不宜过快 （4）把未倒空的饮料瓶放在杯子的右前侧，将商标朝向顾客 （5）如顾客要求使用吸管，服务员需将吸管放在杯中

（续表）

操作程序	工作标准
③ 混合饮料服务	（1）服务员将有饮料的杯子放在顾客右侧 （2）往酒杯中斟酒，并根据顾客要求加饮料 （3）使用搅拌棒为顾客调匀饮料 （4）将搅拌棒和空酒杯带回服务桌

服务员要从顾客右侧将饮料倒入杯中

为顾客倒饮料时，速度不宜过快

3.5.7　冰茶服务

1. 冰茶服务流程

冰茶服务流程如图 3-32 所示。

图 3-32　冰茶服务流程

2. 冰茶服务细则

冰茶服务细则如表 3-32 所示。

表 3-32　冰茶服务细则

操作程序	工作标准
① 准备工作	（1）准备长饮杯，长饮杯应干净、无破损 （2）将适量的茶包放入茶壶中，用沸水沏茶 （3）将沏好的茶水放入冰箱内冷藏 （4）准备一个半圆的柠檬片 （5）在奶罐中倒入2/3的糖水 （6）准备一支吸管和一支搅拌棒
② 制作冰茶	（1）在长饮杯中放入适量的冰块 （2）将冰茶倒入长饮杯至4/5处 （3）将柠檬片放入杯中 （4）将吸管插入杯中
③ 为顾客服务	（1）使用托盘，服务员在顾客右侧为其服务 （2）先在顾客面前放一块杯垫，再放上冰茶，在其右侧放一杯装有糖水的奶罐 （3）将搅拌棒放在冰茶和奶罐之间

3.5.8　咖啡服务

1. 咖啡服务流程

咖啡服务流程如图 3-33 所示。

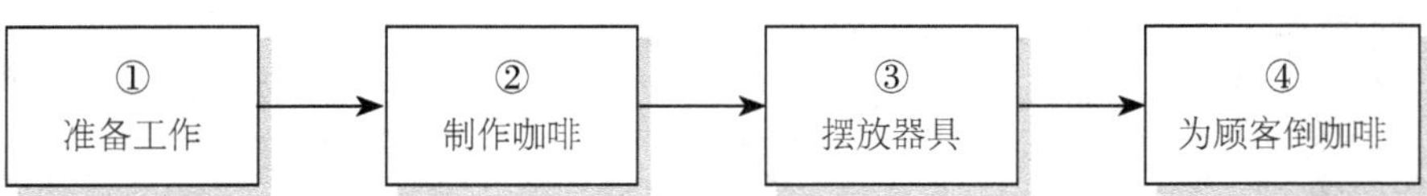

图 3-33　咖啡服务流程

2. 咖啡服务细则

咖啡服务细则如表 3-33 所示。

表 3-33　咖啡服务细则

操作程序	工作标准
① 准备工作	（1）准备咖啡壶，咖啡壶应干净、无破损 （2）准备咖啡杯和咖啡碟，咖啡杯和咖啡碟应干净、无破损 （3）准备咖啡勺，咖啡勺应干净、无水渍 （4）准备奶罐和糖盅，奶罐和糖盅应干净、无破损 （5）向奶罐内倒入2/3的新鲜牛奶 （6）向糖盅内放入袋装糖，糖袋应无破损、无污渍、无水渍
② 制作咖啡	（1）取用冲调一壶咖啡所需的咖啡粉或现磨咖啡豆 （2）将咖啡粉容器取下，在容器内垫一张咖啡过滤纸，将咖啡粉倒入容器中，并放回咖啡机上 （3）从咖啡机上部的注水口注入一大壶冷水 （4）咖啡自动煮好后，流入咖啡壶中 （5）如用自动咖啡机，一般每杯咖啡的制作时间为20秒
③ 摆放器具	（1）使用托盘，服务员在顾客右侧为其服务 （2）将干净的咖啡碟和咖啡杯摆放在顾客的餐台上 （3）如顾客只喝咖啡，则摆在顾客的正前方 （4）如顾客同时食用甜食，则将咖啡摆在顾客的右侧
④ 为顾客倒咖啡	（1）为顾客倒咖啡时，服务员应按顺时针方向，以女士优先、先宾后主为原则进行 （2）将咖啡倒入杯子至2/3处 （3）将奶罐和糖盅放在餐桌上，便于顾客取用

3.6 结账服务流程

3.6.1 现金结账服务

1. 现金结账服务流程

现金结账服务流程如图 3-34 所示。

①检查账单 → ②打出账单 → ③递上菜单 → ④现金结账 → ⑤感谢顾客

图 3-34　现金结账服务流程

2. 现金结账服务细则

现金结账服务细则如表 3-34 所示。

表 3-34　现金结账服务细则

操作程序	工作标准
① 检查账单	服务员检查台号、菜品、酒水品类和价格是否正确
② 打印账单	检查所缺菜品，核对总金额
③ 递上菜单	服务员将账单放入账单夹内，站在顾客右侧，向顾客鞠躬并说“谢谢”；将账单夹放在顾客面前，打开并放下一支笔，用手指指向合计金额处
④ 现金结账	检查顾客所付现金，把钱和账单交给收银员，检查收银员找回的金额是否准确，然后将账单条和零钱交给顾客
⑤ 感谢顾客	服务员收回账单夹并有礼貌地说“谢谢”

为顾客结账

柜台结账服务

3.6.2　扫码结账服务

1. 扫码结账服务流程

扫码结账服务流程如图 3-35 所示。

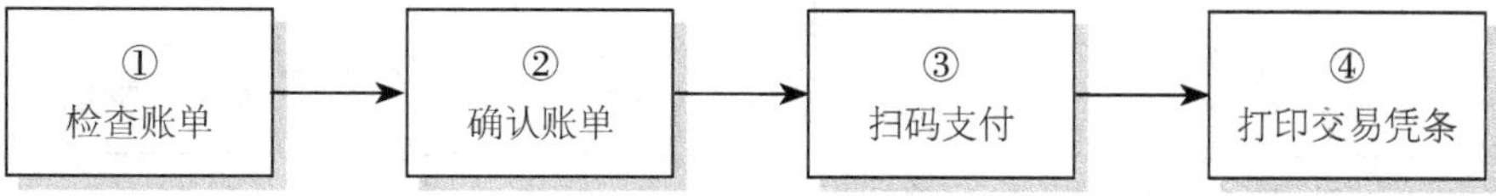

图 3-35　扫码结账服务流程

2. 扫码结账服务细则

扫码结账服务细则如表 3-35 所示。

表 3-35　扫码结账服务细则

操作程序	工作标准
① 检查账单	服务员检查台号、菜品、酒水品类和价格是否正确
② 确认账单	告知顾客消费金额及应付金额
③ 扫码支付	目前，餐厅常用的移动支付有静态二维码支付和动态二维码支付两种方式。 （1）静态二维码支付，是指即将餐厅微信支付或支付宝收款二维码打印出来，让顾客主动扫二维码输入金额进行支付 （2）动态二维码支付是指由收银员在收银机中输入应支付的金额，用扫描枪扫描顾客出示的动态二维码进行收款
④ 打印交易凭条	收款完成后，服务员需打印交易凭条并交给顾客

3.6.3　信用卡结账服务

1. 信用卡结账服务流程

信用卡结账服务流程如图 3-36 所示。

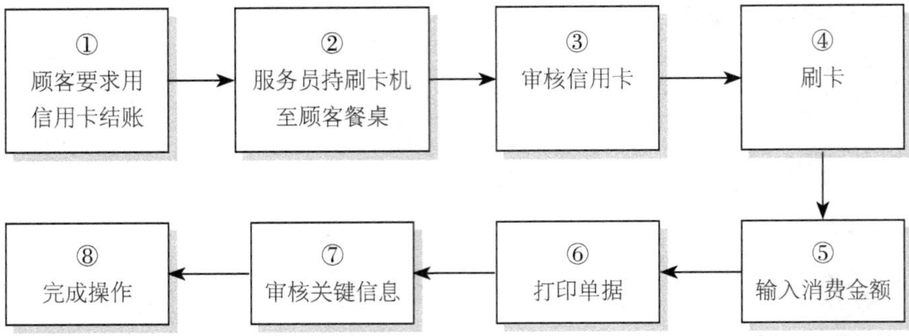

图 3-36　信用卡结账服务流程

2. 信用卡结账服务细则

信用卡结账服务细则如表 3-36 所示。

表 3-36　信用卡结账服务细则

操作程序	工作标准
① 顾客要求用信用卡结账	服务员礼貌询问顾客结账方式，顾客提出用信用卡结账
② 服务员持刷卡机至顾客餐桌	服务员从收银处取出刷卡机，到顾客餐桌
③ 审核信用卡	（1）信用卡卡面完整 （2）信用卡在有效期内 （2）如不符合上述要求，服务员则需将卡退还给顾客
④ 刷卡	（1）磁条面向内刷卡，核对卡号与刷卡机屏幕所显示的卡号是否一致 （2）如卡号不相符，服务员则需将卡退还给顾客
⑤ 输入消费金额	（1）服务员将消费金额输入刷卡机，输入的最小单位为分 （2）如有密码，请顾客输入密码并确认
⑥ 打印单据	（1）打印两张交易凭条，请顾客核对单据金额 （2）要求顾客在单据第一联上签字确认
⑦ 审核关键信息	核对信用卡背面预留印鉴与顾客在单据上的签字是否相符

（续表）

操作程序	工作标准
⑧ 完成操作	服务员将第一联即商户存根联与账单即刻交给收银员结账，将结算卡与第二联即顾客存根联退还给顾客

3.6.4　支票结账服务

1. 支票结账服务流程

支票结账服务流程如图 3-37 所示。

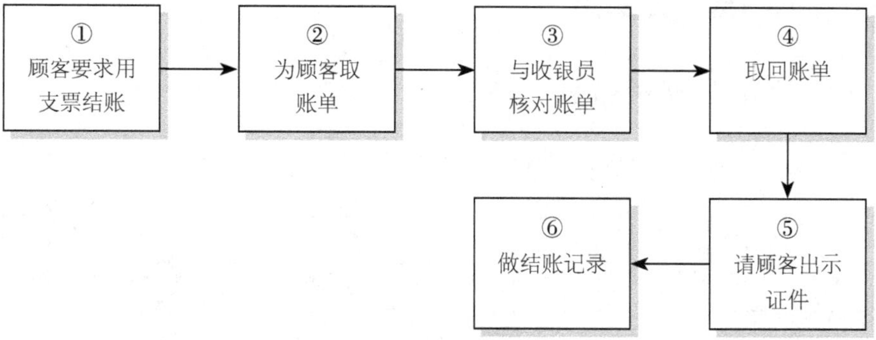

图 3-37　支票结账服务流程

2. 支票结账服务细则

支票结账服务细则如表 3-37 所示。

表 3-37　支票结账服务细则

操作程序	工作标准
① 顾客要求用支票结账	当顾客要求用支票结账时，服务员应礼貌地请顾客稍等
② 为顾客取账单	服务员立即去收银台为顾客取账单
③ 与收银员核对账单	服务员告诉收银员需要结账的台号，并检查账单台号、人数、菜品及饮品的消费额是否正确

（续表）

操作程序	工作标准
④ 取回账单	服务员将账单夹在结账夹内，走到主宾右侧，打开结账夹，右手持账夹上端，左手轻托账夹下端，递至主宾面前，请主宾检查，注意不要让其他顾客看到账单
⑤ 请顾客出示证件	请顾客出示身份证并注明联系电话及单位地址
⑥ 做结账记录	（1）收银员结完账并记录证件号码及联系电话、单位地址后，服务员将账单第一联与支票存根进行核对后交给顾客，并真诚地感谢顾客 （2）如顾客使用密码支票，服务员应请顾客在支票密码栏中填写密码

3.6.5　抵用券结账服务

1. 抵用券结账服务流程

抵用券结账服务流程如图 3-38 所示。

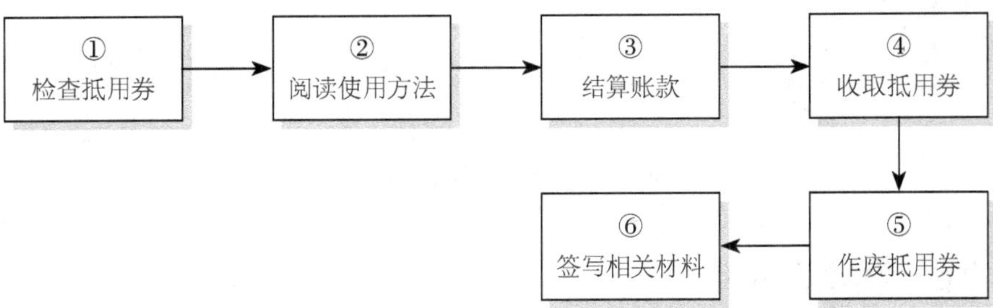

图 3-38　抵用券结账服务流程

2. 抵用券结账服务细则

抵用券结账服务细则如表 3-38 所示。

表 3-38　抵用券结账服务细则

操作程序	工作标准
① 检查抵用券	收银员检查顾客所持的抵用券，抵用券一般包括各种代金券、折价券、赠券等

（续表）

操作程序	工作标准
② 阅读使用方法	收银员应仔细阅读使用方法，确定是否可以找零，是否可以分次使用，是否可以组合使用，以及是否可以开具发票等
③ 结算账款	收银员根据顾客的要求正确计算出顾客应使用的抵用券及现金的金额。当顾客对抵用券的使用方法有误解时，服务员应委婉地向顾客解释，如自己无法处理，应及时通知收银主管
④ 收取抵用券	收银员结算完款项后，应保管好抵用券
⑤ 作废抵用券	交易完成后，收银员要立即在抵用券上加注作废标志，不得积攒抵用券
⑥ 签写相关材料	收银员在作废抵用券后应马上在其背面签自己的姓名、日期及收银机号，然后把抵用券放入钱箱，并关闭钱箱

3.6.6　扫码开票服务

1. 扫码开票服务流程

扫码开票服务流程如图 3-39 所示。

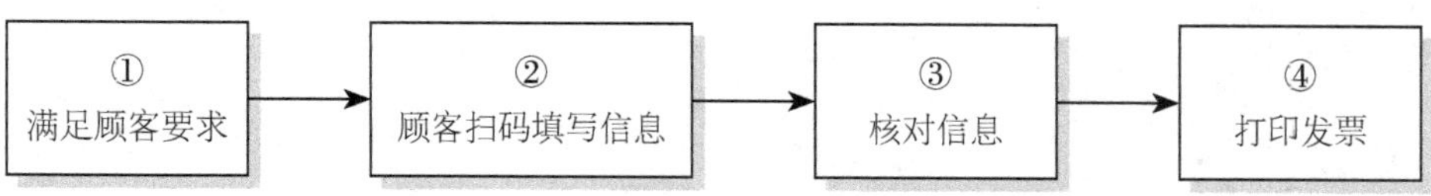

图 3-39　扫码开票服务流程

2. 扫码开票服务细则

扫码开票服务细则如表 3-39 所示。

表 3-39　扫码开票服务细则

操作程序	工作标准
① 满足顾客要求	顾客结账时，如提出开具发票的要求，收银员应礼貌地满足顾客的要求，并告知开具发票的操作步骤

（续表）

操作程序	工作标准
② 顾客扫码填写信息	收银员指导顾客用手机扫描开具发票，让顾客在相应界面输入企业抬头、企业纳税号等基本信息后点击“提交”
③ 核对信息	根据开票系统显示的信息，收银员再次向顾客核对开票信息
④ 打印发票	确认信息无误后，收银员打印发票并交给顾客

扫码听课

通过学习本章内容，想必您已经了解和掌握了不少相关知识，为了加固对本章的理解，以便在今后工作中学以致用，我们特意录制了相关的小视频，读者可以扫描下面的二维码进行观看和学习。

3.1 3.2 3.3

3.4 3.5 3.6

在观看和学习小视频的内容后，请结合本书中的文本内容，如实填写您的学习心得和工作思路。

我的学习心得：

1.______________________________

2.______________________________

3.______________________________

我的工作思路：

1.______________________________

2.______________________________

3.______________________________

第 4 章

餐厅菜品销售技能

阅读指引

如果服务员在顾客点菜时能提供到位的服务并进行恰当的推销，对菜品的销售将十分有利，同时良好的点菜服务对餐厅及时推出创新菜也有帮助。

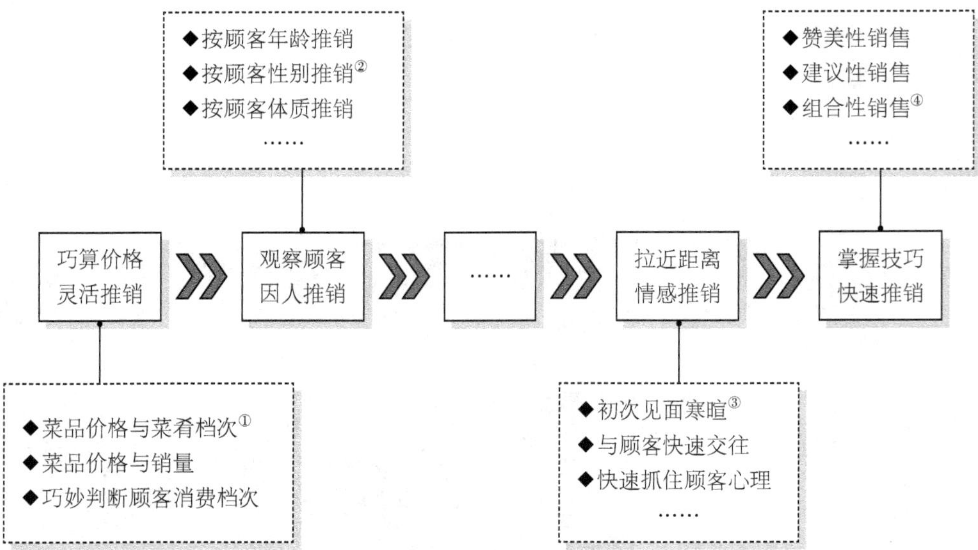

注：

①明确菜品的价格与质量的关系，是推销菜品时的基本原则。菜品价格主要取决于食材的品质。

②如今很多男士都非常注重健康饮食，所以点菜员要根据具体情况为男性顾客推荐相应的菜品。

③初次见面寒暄的技巧体现在点菜员的举止、仪表等诸多方面。对不同的顾客，点菜员与其寒暄的内容应有所不同。

④采取组合性销售策略的关键是运用菜式搭配技巧，让菜品品类多样，烹调方法各异，营养均衡，并按宴会的性质组合菜式。

4.1　巧算价格，灵活推销

4.1.1　菜品价格与菜肴档次

明确菜品的价格与质量的关系，是推销菜品时的基本原则。菜品价格主要取决于食材的品质。

1. 商务宴请

如果是商务宴请，点菜员可以推荐一些高品质的主菜，兼顾被宴请顾客的饮食习惯、口味偏好和忌口的食物，以及对各种菜品的偏爱程度，适当地介绍本店的特色菜、创新菜，同时可以本着“细菜精做，营养平衡”的原则配以价位适中的时蔬小炒。这样不仅能体现商务宴请者的诚意和被宴请顾客的重要性，而且能使顾客对餐厅产生好印象。

2. 家庭聚餐

家庭聚餐讲究的是实惠。点菜员要推荐一些价位适中、做工考究、粗菜细做的菜品。菜品的品种、数量、口味要丰富，在兼顾中、低价位的同时，应尽量满足老人和孩子的特殊需求。

4.1.2　菜品价格与销量

在顾客点菜的过程中，点菜员要灵活运用菜品价格这一工具，对不同顾客的不同需求、不同消费档次进行预测，使用“巧用份数法”“菜肴价格分解计算法”“加权平均法”“奖励法”等销售技巧赢得顾客对菜品的认可，从而增加菜品销量。

1. 巧用份数法

通常当顾客较多且同坐一桌时，每种菜品只点一份可能不够分，特别是大家都偏爱的菜。这时点菜员应建议顾客一种菜品点双份或三份，得到顾客的认可后，点菜员应将菜品的份数准确记录在点菜宝上。

2. 菜肴价格分解计算法

有的顾客见到高档菜品造型高雅就会产生想点一份的想法，但知道价格之后犹豫不决，这时点菜员要学会用价格分解法进行推销，如“大家共同品尝这道菜，平均每人十几块钱就能尝到这么有品位的菜，多值啊”。点菜员按人数分解菜品价格，会使菜品价格显得没那么昂贵，顾客也就容易接受了。

3. 加权平均法

一般一家三口到餐厅就餐时，男士往往会点价位高的菜，而坐在一旁的女士会觉得不应该点那么贵的菜。这时点菜员在肯定男士的同时，可以介绍一道味美价廉的菜，这样可以兼顾二人的选择。点菜员可以说：“两道菜一共才花××元，平均起来很实惠。”

4. 奖励法

餐厅的经营有淡季、旺季之分，同样，一天之中也有顾客多的时间段和顾客少的时间段，点菜员可在顾客少的时候采取达到一定消费额就给予顾客奖励的方法，这种方法也适合刚开业的餐厅使用，不仅会给顾客带来惊喜，而且可以使餐厅积累客源，增加收入。

4.1.3　巧妙判断顾客消费档次

能否准确判断顾客的消费档次是由点菜员的专业知识和职业悟性决定的。

1. 顾客身份

当顾客进店时，点菜员应主动上前问候：“请问几位，是否有预订？”同时判断该顾客的宴请标准和档次。

2. 话语判断

点菜员在工作过程中一定要处处留心，适时主动地推荐菜品，并且真诚介绍菜品，精细安排每一个服务环节。

4.2　观察顾客，因人推销

服务员应了解顾客的用餐目的，并依据不同顾客的特点、不同的用餐形式和不同的消费水准进行有针对性的推销。

4.2.1　按顾客年龄推销

1. 儿童

点菜员在为儿童推荐菜品时，要注意以下几个方面的因素。

（1）菜品要色泽鲜艳、易消化、口味清淡、酸甜适中。

（2）菜品应营养丰富。

（3）菜品应便于儿童食用。

（4）菜品的烹调方法尽量以软熘、清炖、水煮、清炸等为主。

点菜员可为儿童推荐“胡萝卜西红柿鸡蛋汤”“虾仁扒大白菜”“鱼片菠菜汤”“萝卜瘦肉汤”“蔬白炒虾米”“大骨炖萝卜”等，这些菜品可助消化，而且营养丰富，有益于儿童生长发育。

2. 青年

青年消费者的特征是身体健壮、精力充沛、追求时尚、喜欢创新菜式。点菜员在为青年消费者推荐菜品时，可从以下几个方面着手。

（1）年轻人追求的是吃得“酷”，昆虫、花类、山野菜、绿色环保蔬菜比较受年轻人的喜爱。

（2）菜品要推陈出新，能够满足年轻人求新、求异、求时尚的需求。“野生菌汤”“水煮鱼”等菜品适合推荐给青年人。

3. 中老年人

点菜员在为中老年顾客推荐菜品时要注意以下事项。

（1）多推荐一些富含优质蛋白质的鱼类。

（2）多推荐新鲜蔬菜和豆制品，以及低脂、富含蛋白质的菜品。

（3）菜品的烹调方法以炖、清蒸、煨制等为主，这有利于顾客补充营养素，排出体内多余的垃圾。

适合为中老年人推荐的菜品包括滋补类菜品，如“鲫鱼炖豆腐”“肉丝炒时蔬”“盐水排骨”“白萝卜炖肉”等；降脂排毒类菜式，如“黑木耳炒白菜”“清炒丝瓜”“黄花菜炒肉丝”；家常类菜品，如“韭菜炒肉丝”“清炒蕨菜”“苦菜烧肉片”“魔芋豆腐”“香椿炒竹笋”等。

4.2.2 按顾客性别推销

1. 女士注重养颜美容

女性一般都注重容貌，点菜员在为女性顾客推荐菜品时，应选择有助于防止面部皮肤老化、滋润皮肤的食材制作而成的菜品，如“草菇炒笋片”“红烧皮丝”“大葱烧蹄筋”“排骨墨鱼煲”“银耳鸽蛋汤”等。

点菜员平时应多了解和掌握有关食材的知识，以便在为顾客推荐菜品时能运用自如。有助于滋润女士皮肤的食材包括如下几类。

（1）牛奶。牛奶能改善皮肤细胞活性，增强皮肤弹性和张力。

（2）肉皮。肉皮中含有丰富的胶原蛋白，有助于增强皮肤弹性。

（3）海带。海带中含有丰富的矿物质如钙、磷、铁及多种维生素，其中维生素B_1、维生素B_2含量丰富。

（4）西蓝花。西蓝花富含维生素A、维生素C和胡萝卜素。

（5）三文鱼。三文鱼所含的脂肪酸有一种特殊的物质，这种物质能消除破坏皮肤胶原的生物的活性。

（6）胡萝卜。胡萝卜富含胡萝卜素，胡萝卜素能刺激皮肤新陈代谢、使皮肤润泽细嫩。

（7）大豆。其中黄豆富含维生素E，能破坏自由基的化学活性。

（8）猕猴桃。猕猴桃富含维生素C，维生素C可干扰黑色素的生成，有助于消除皮肤上的雀斑。

（9）西红柿。西红柿含有大量的维生素C和番茄红素，这些成分能使皮肤变得细致。

（10）蜂蜜。蜂蜜中含有大量氨基酸且易被人体吸收，并含有多种维生素和糖，常吃蜂蜜有助于使肌肤变得滑嫩、红润、有光泽。

2. 男士注重健康饮食

随着养生知识的逐渐普及，很多男士都开始注重健康饮食。所以，点菜员要根据实际情况为男性顾客推荐相应的菜品。

4.2.3　按顾客体质推销

1. 体质虚弱者

一般来说，体质虚弱的顾客的肠胃消化能力较差，点菜员最好能为其推荐一些易消化和吸收、暖胃的菜品，如“清蒸鲈鱼”。适合体质虚弱的顾客食用的食材有鹅肉、牛奶、蜂蜜、芝麻酱、银耳、核桃仁等，点菜员千万不能为其推荐辛辣刺激的菜品。

2. 糖尿病人

点菜员应当为患有糖尿病的顾客推荐滋阴清热、补肾益精、少糖、低热量、富含优质蛋白及维生素的菜品，冬瓜、豇豆、芹菜和木耳、蘑菇类食材组合的菜品比较适宜，如“瘦肉冬瓜汤”“蘑菇扒芥蓝”及各类野生菌汤等。

3. “三高”顾客

“三高”顾客是指患有高血压、高血脂、高血糖的人群，点菜员可为他们推荐如“葱烧海参”“海蜇皮拌黄瓜”“香醋拌木耳”“煲海参粥”“煲莲子粥”之类的清淡菜品，不要推荐大鱼大肉类菜品。

对于此类顾客，点菜员在为其推荐菜品时应注意以下几个方面。

（1）应选择燕麦、荞麦、麦麸、小麦、玉米、薏米、高粱米、绿豆等富含植物蛋白和粗纤维的杂粮。

（2）多选择新鲜蔬菜，如油菜、芹菜、苦瓜、黄瓜、茼蒿、芋头、土豆、红薯、西红柿等；海产品可选择海参、海带、海蜇、海藻等；坚果类可选择花生、莲子等。

（3）菜品要少盐，口味清淡；油脂少，便于消化吸收。

4.2.4 按顾客类型推销

1. 挑剔型顾客

在日常工作中，服务员经常会遇到对餐厅“软件”和“硬件”品头论足的顾客。对于爱挑毛病的顾客，服务员首先要有耐心并热情地为他们提供服务，对顾客提出的意见要做到“有则改之，无则加勉”。服务员在推销菜品和酒水时要多征求顾客的意见，如“先生，不知道您喜欢什么口味的菜，请您给一些提示好吗？我会尽最大努力满足您的需求”等。同时，服务员要切记，无论顾客多么挑剔，都要面带微笑地回应他们。

2. 犹豫不决型顾客

有些顾客在点菜时经常会犹豫不决，不知道该点哪道菜好。在面对这类顾客时，服务员要根据现场气氛，准确地为顾客推荐餐厅的招牌菜、特色菜，并对这些菜品进行讲解。

3. 消费水平一般的顾客

消费水平一般的顾客更希望菜品物美价廉。服务员在向这些顾客推销菜品时，一定要掌握好尺度，在推销高档菜品、酒水时，要采取试探性的推销方法，如果顾客不接受，服务员就要为其推荐中、低档菜品和酒水。

细节提示

即便是消费水平不高的顾客，也是餐厅的重要顾客。

4.2.5　按消费动机推销

1. 便餐

想吃简便饭菜的顾客的消费特点是注重菜品的经济实惠，不要求菜品品种太多，但要求上菜速度快。服务员应主动介绍物美价廉、制作耗时较短的菜品，如"回锅肉""麻婆豆腐"等。

2. 宴请

除结婚、过寿外，还有各种各样的宴请，如迎宾宴、商务宴、会议宴等。办宴会的顾客大都讲究排场，要求菜肴品种丰盛，对价格也有一定的要求。针对这类顾客，服务员应介绍一些本餐厅的风味名菜，要有冷有热、有荤有素、品种多样，既要菜肴丰富，又要将消费额控制在适当的范围之内。

3. 聚餐

这类顾客喜欢边吃边谈，饮酒较多，需要菜品丰富、精细且不太贵。针对这些特点，服务员应主动询问他们的要求和爱好。凉菜和前两个菜的量可以多一些，后面的菜可以少一些，以避免浪费。

4. 调剂口味

想调剂口味的顾客大都是慕名而来的，他们大都想品尝餐厅的特色菜、名菜和名点。这类顾客喜欢吃一些平时不易吃到或很少能吃到的菜肴，在选料和烹制方面都要有风味特色，不要求快，但要求好。

4.3 不同阶段，区别推销

服务员在餐前、顾客用餐时都有很好的销售机会，服务员要善于抓住机会，适时推销。

4.3.1 餐前的推销技巧

从顾客走进餐厅的那一刻开始，餐厅的产品推销工作就开始了，从餐厅的装饰与菜品的搭配到餐桌桌面摆台，营销无处不在。

餐厅可以通过以下摆台环节向顾客推销菜品：

（1）在菜牌上附上专栏、夹上新增加的单页菜单或其他宣传材料；

（2）将酒杯与其他餐具一起摆在桌上；

（3）在餐桌上放置菜品或酒水宣传卡，如“好酒论杯计”或“每月特选”等。

这些看似微不足道的细节，可能是顾客在走进餐厅以后最先注意到的，所以餐厅服务员在餐前准备时就应当从一些细小的环节中挖掘推销技巧。

4.3.2 用餐时的推销技巧

绝大多数进入餐厅的顾客并不确定到底要点哪些菜品。优秀的服务员在与顾客短暂接触后，应能准确判断出顾客的消费档次，只有判断正确才能有针对性地向顾客推销菜品和酒水。

在就餐过程中，服务员不失时机地推销菜品和酒水往往都能够获得成功。

“各位先生，打扰一下，看到大家喝得这么高兴，我也感到很开心。只是现在酒已不多，是否需要再来一瓶呢？”这时在用餐顾客中有人就会随声附和：“好，那就再来一瓶！”这样酒就很容易地被推销出去了。

4.4　拉近距离，情感推销

点菜员要学会察言观色，快速弄清顾客的需求，要在短时间内与顾客拉近距离，更好地为顾客服务。

4.4.1　初次见面寒暄

点菜员在与顾客初次见面时应注意自己的举止、仪表等。

1. 从正面与对方目光相交

点菜员的态度应当和善、热情，眼神注视范围在以对方双眼为底线、唇部为顶角的倒三角形区域内，这种从正面与对方目光相交的方式会令人感到舒服且被尊重。

2. 身体略向前倾，面带微笑

身体略向前倾能显得友善、谦恭，面带微笑能显得真诚、热情、友好。

3. 精神饱满地与顾客交流

点菜员与顾客交流时，应保持精神饱满的状态，在满足顾客需求的同时，回答顾客的疑问。

4. 根据表情确定寒暄内容

点菜员应根据顾客的表情给予恰当的问候。

（1）对面露欢愉之情的顾客，点菜员可以微笑着问候顾客“您好”。

（2）对闷闷不乐的顾客，点菜员应主动问候。例如，冬季可以说：“天气冷，您到里边靠暖气的位置坐下点菜可以吗？”这种关心顾客的态度，可以让顾客忧郁的心情有所缓解。

（3）情绪高昂的顾客大多是久别重逢的战友、同学、同乡，点菜员要热情地欢迎大家到餐厅就餐。

（4）对表情严肃的顾客，点菜员与其寒暄时要真诚且适度，并且应避免频繁与其交流，以免引起对方的反感。

4.4.2 与顾客快速交流

1. 表现自然得体

点菜员自然得体的表现是指根据顾客的消费目的、就餐主题，站在顾客的角度介绍菜品，引导顾客消费。

细节提示

点菜员不能将自己的意愿和喜好强加于顾客，不能让顾客超负荷地消费。

2. 获得顾客的信任

在人际交往中，要想获得对方的信任，自身的态度至关重要。服务员在工作过程中也是如此。点菜员要处处替顾客着想，了解顾客的饮食习惯、口味偏好。

点菜员在推荐菜品时，要尊重顾客的选择，在菜式组合上做到口味各异，烹调方法多样，高、中、低档的菜品合理搭配，营养均衡。

3. 尽力满足顾客的喜好

在点菜过程中，点菜员会发现老人喜欢松软的菜品，小孩喜欢酸甜口味的菜品，年轻人则喜欢追求新奇和时尚的菜品。点菜员要尽力满足不同人群的喜好，有针对性地介绍相关菜品。

4. 不断寻找切入点

所谓寻找切入点就是抓住点菜的关键时机。点菜员如何在短时间内抓住点菜时机的切入点呢？常见的切入点如图 4-41 所示。

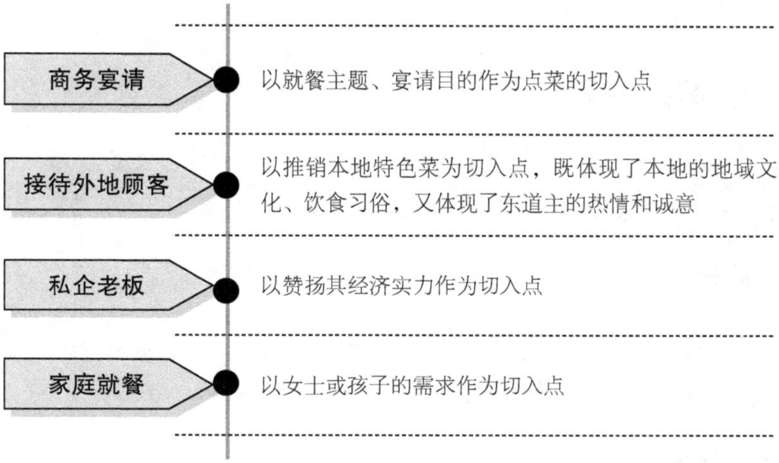

图 4-41　常见的点菜切入点

4.4.3　快速弄清顾客需求

在了解寒暄技巧的基础上，点菜员还要快速弄清顾客需求，与顾客迅速拉近距离。

1. 看点菜人是否是容易接近的人

如果点菜人是容易接近的人，他就会比较容易接受点菜员推荐的菜品。

2. 看点菜人的态度是谦虚的还是傲慢的

点菜员向态度谦虚的顾客介绍菜式时要真诚、谨慎、仔细。面对傲慢的顾客时，点菜员要以恭敬的态度从高档菜开始推荐，然后介绍创新菜肴。

3. 看其他顾客的表情

在点菜后如果有的顾客紧皱双眉，就说明他不喜欢已点的菜品，或有难言之隐。这时点菜员可主动询问大家有无特殊要求、是否有忌口等。

4.4.4 与顾客接触的关键点

点菜员要把握住与顾客接触的三个关键点。

1. 诚恳地进行自我介绍

点菜员应以大方、端庄的姿态走到顾客面前进行自我介绍："我是××餐厅的点菜员×××，很高兴能有机会结识各位！现在由我来为各位服务。"

2. 准确地回答疑问

对于顾客提出的各种问题，点菜员应给出准确的回答。回答问题的过程既是点菜员与顾客有效沟通的过程，也是双方建立信任的过程。

3. 摸清顾客的喜好

在与顾客交谈的过程中，点菜员要尽快了解顾客的喜好。了解顾客的喜好之后，点菜员就能为顾客准确推荐能让其满意的菜肴了。

案例

一天，两位衣着讲究的顾客来到一家高级粤菜餐厅用餐。

服务员为顾客端上茶水和纸巾后，点菜员便递上菜单等候顾客点菜。其中一位女士看了看菜单后问道："小姐，你们这里有没有红烧鲤鱼？"

"对不起，女士！今天正好没有这道菜，红烧类的高级菜肴有'红烧鲍鱼'。这是我们餐厅的风味菜，也是今天指定的推荐菜，欢迎两位品尝。"点菜员面带微笑地推荐着。

"我就喜欢吃红烧鲤鱼，什么指定推荐菜与我们没有关系。难道不点鲍鱼就不能在这里吃饭吗？"

"女士，我不是这个意思。我是想让你们品尝一下地道的粤式风味菜。

我推荐的这道菜，口味比红烧鲤鱼要好得多，何况在哪里都可以吃到红烧鲤鱼，但只有在高级餐厅才能吃到红烧鲍鱼。您二位来到我们餐厅用餐，难道不想尝尝正宗粤菜厨师加工的菜吗？”点菜员继续不厌其烦地向顾客推销。

“我们要想吃正宗鲍鱼就不到这里吃了。广东的鲍鱼都是正宗的，你这样推销就是看不起我们。既然没有红烧鲤鱼就算了吧。”顾客说完，站起身就走了。

点菜员望着她们的背影，她实在想不通为什么顾客会拂袖离去。

上面这个案例中的点菜员虽然能够抓住时机向顾客推荐餐厅当日特色菜，但服务意识不强，推销方法显得很机械，因此得罪了顾客。

4.5　掌握技巧，快速推销

4.5.1　赞美性销售

点菜员在赞美和肯定顾客的消费偏好时，措辞要适当，可赞美顾客的以下几个方面。

1. 赞美顾客懂菜

当顾客说出自己喜爱的菜时，点菜员可以赞美顾客有眼光。例如，“先生，您真是一位美食家，这道菜是我们餐厅的招牌菜，也是销量最高的一道菜！”

2. 赞美顾客的风度气质

面对着装有品位、说话有亲和力的顾客，点菜员要赞美顾客是事业成功的人士，夸赞其气度不凡。例如，“您真有气质！”

3. 赞美顾客的品质修养

如果点菜员在工作过程中出现失误，面对那些不怪罪点菜员的顾客，点菜员要真诚地说:“对不起，由于我的失误，给您带来了麻烦和不便，谢谢您的包容！”

4. 赞美顾客的家人

如果顾客正在家庭聚餐，点菜员可以赞美孩子聪明、老人慈祥、妻子贤惠等。例如，“您的孩子真聪明，歌唱得真好！”

适度的赞美能使顾客产生愉悦感和自豪感，有可能使顾客对点菜员的销售工作给予支持。

4.5.2 建议性销售

点菜员开展建议性销售时要把握好时机，展现自己的专业水平，并把握好建议的力度。

1. 展现专业水平

如果顾客在点菜时向点菜员求助，点菜员就要展示出自己的专业水平，提供能满足顾客需求的建议。

2. 把握时机

新顾客初来餐厅就餐时，点菜员用商量和征询意见的语气向顾客推荐菜品，会让顾客倍感亲切。

3. 把握力度

一般来说，消费水平较高的顾客更关注菜品原材料的质量和新鲜程度，消费水平较低的顾客更喜欢询问菜品的价格和菜量。

4.5.3　组合性销售

组合性销售是把顾客喜爱的菜品进行组合，使菜品的搭配更美味、更营养、更均衡。采取组合性销售策略的关键是运用菜式搭配技巧，让菜品味型多样，烹调方法各异，营养均衡。

1. 中餐菜品的组合性销售

中餐包括冷荤菜、主菜、热炒菜、甜菜（包括甜羹）、汤类、点心等。

对于不同性质的宴会，菜品组合性销售的技巧也不同。

（1）高档商务宴会的菜式组合：冷盘、冰爽刺身、经典主菜、热菜中炸制菜品、鱼、肉、小炒类、时蔬类、甜菜、汤、主食。

（2）喜庆宴会的菜式组合：8个冷盘、主菜（全家福）、炸制菜品、鱼、鸡、虾、肉（肘子）、四喜丸子、小炒类、甜菜品等。

（3）丧事聚餐的菜品数量应为单数，必须有白豆腐，忌搭配咕老肉或用番茄汁制作的红色菜品。

（4）谢师宴的菜式组合应以清淡菜式为主。

（5）中档消费和一般消费菜式组合及主菜价位要根据顾客的消费能力和需求而定，没有硬性规定。

（6）在组合性销售中，点菜员要合理搭配菜品，使菜品更合理。

2. 西餐菜品的组合性销售

西餐菜品包括开胃品、汤、主菜和甜食几大类。

（1）开胃品是指少量的起开胃作用的面包、黄油、冷菜或沙拉等。

（2）汤是指味道鲜美的汤菜。

（3）主菜包括海鲜和肉类，同时配有解腻作用的开胃小碟。主菜往往量大形整，造型讲究。

（4）甜食包括甜沙拉、水果、奶酪、甜点及饮料等。

点菜员需要注重菜品搭配的比例。一方面，一桌菜品中的冷盘、主菜、热炒、时蔬、汤、点心的价格在整桌菜的价格中所占的比例要适当；另一方面，随消费档次的不同，菜品种类也应随之发生变化。

3. 菜品与酒水的组合性销售

在餐饮消费中，通常啤酒和冷盘、卤水菜品结合为宜，红酒、葡萄酒和甜品或清淡菜品结合为宜，白酒和荤菜、热菜、干果结合为宜。

4.5.4 描述性销售

为了引起顾客对美食的兴趣，点菜员要用生动的语言讲述菜品的典故、寓意等。例如“状元豆腐”这道菜的来源是相传在南宋，应考的书生都住在一条出了名的状元街巷中，有一位书生家境贫寒，每天只能吃一位老婆婆卖的豆腐充饥，谁知他后来竟中了状元，“状元豆腐”因此出了名。这道菜寓意金榜题名。高考前期，家长都愿意给孩子点这道菜，希望自己的孩子能考出好成绩。

4.5.5 借力性销售

推销菜品时，点菜员不要忘记告知顾客餐厅的促销活动信息。节假日的促销活动、美食节期间的创新菜、店庆时的优惠活动，这些都会增加顾客再次光临的概率。

扫码听课

通过学习本章内容，想必您已经了解和掌握了不少相关知识，为了加固对本章的理解，以便在今后工作中学以致用，我们特意录制了相关的小视频，读者可以扫描下面的二维码进行观看和学习。

4.1　　4.2　　4.3

4.4　　4.5

在观看和学习小视频的内容后，请结合本书中的文本内容，如实填写您的学习心得和工作思路。

我的学习心得：

1.____________________

2.____________________

3.____________________

我的工作思路：

1.____________________

2.____________________

3.____________________

第 5 章

餐厅服务质量提升

阅读指引

如今消费者越来越注重服务质量，提高服务质量是餐厅提高销售额、争夺市场、提高经济效益的重要手段。

尽量满足顾客要求 » 适时推出特色服务 » …… » 紧急处理意外情况 » 妥善处理顾客投诉

尽量满足顾客要求

- 顾客要求自己加工食品
- 顾客自带食品要求加工
- 顾客需要代管物品①
- 顾客需要借用充电器

适时推出特色服务

- 提供智能机器人服务②
- 提供个性化餐位和菜单
- 留心观察顾客

……

……

紧急处理意外情况

- 对烫伤顾客的处理
- 对烧伤顾客的处理③
- 对突然病倒的顾客的处理

妥善处理顾客投诉

- 处理投诉的原则④
- 处理投诉的步骤
- 处理投诉的禁忌

注：

①有的顾客在餐厅用餐时，会把没有吃完的食品或酒水请服务员代为保管。遇到这种情况，服务员要妥当处理。

②餐饮业的升级已经迫在眉睫，通过人机搭档，餐厅可大幅提高工作效率，打造服务特色，提升服务水平，吸引更多新顾客，提高老顾客回头率。

③如果顾客身上着火，服务员应该告知顾客用双手尽量掩盖脸部，并让其立即倒地翻滚或者立刻拿桌布等大片布料将着火者包住告知其立即倒地翻滚将火熄灭。等到火熄灭后，再按烫伤急救步骤进行处理。

④遇到客户投诉，不要慌。餐厅员工按照一定的原则处理顾客的投诉，就能转危为机。

5.1　尽量满足顾客要求

5.1.1　顾客要求自己加工食品

如果顾客在就餐的过程中要求自己加工食品，服务员应根据具体情况及餐厅相关规定酌情处理。

顾客到餐厅吃饭，本来就是来品尝菜肴的，如果顾客下厨，势必会扰乱厨房的正常工作秩序，也会影响其他正在就餐的顾客。所以，服务员要学会从顾客的角度劝说其放弃在餐厅下厨的念头。

5.1.2　顾客自带食品要求加工

有时顾客会自带一些食品要求餐厅加工，餐厅应尽量满足顾客的需求。

如果顾客所带原料是本餐厅没有的，可收取一定的加工费。

细节提示

服务员必须当着顾客的面，确认顾客所带原料的质量，以免加工以后，顾客提出品质方面的问题，引起不必要的麻烦。餐厅还可以事先与顾客签订免责协议。

如果顾客所带原料是本餐厅厨房已有的，则不能进行加工，服务员应婉言回绝；如果顾客一再坚持，那么餐厅可以考虑为其加工，但同样需要收取加工费。

5.1.3 顾客需要代管物品

有的顾客在餐厅用餐时，会把没有吃完的食品或酒水请服务员代为保管。遇到这种情况，服务员要妥当处理。

服务员一般可采用下列几种办法解决这个问题。

（1）耐心地向顾客解释说明食品与酒水关系到健康问题。为了对顾客负责，餐厅规定一般不能替顾客保管物品。

（2）服务员可以主动为顾客打包菜品，以便顾客带走。如果顾客要求临时将食品存放一段时间，服务员可以请示领导，得到批准后为顾客代存。

细节提示

替顾客保存食品之前，服务员要将食品包好，写好标签，服务员之间也要交代清楚，以便待顾客来取食品时，及时将食品交给顾客。

从经营的角度来说，顾客在餐厅里存放物品，说明顾客对餐厅的菜品和服务都很满意，也代表顾客信任餐厅。

替顾客保管物品时，餐厅一定要对顾客及其物品负责。这样餐厅才可以获得顾客的信任，吸引顾客常来消费，从而提高餐厅的营业额。

5.1.4 顾客需要借用充电器

关于充电器问题，不同的处理方式会产生不同的效果。有些时候，服务员虽然确实很难完全满足顾客的需求，但是要尽力让顾客从心理上得到一种满足感，这里的关键是服务员要有为顾客着想的意识。

5.2　适时推出特色服务

随着人们生活水平的日益提高，顾客对餐饮服务的需求已不仅仅是吃饱、吃好，还需要人性化、个性化的特色服务，服务已成为语言、技能、艺术、文化的综合体现。

5.2.1　提供智能机器人服务

随着AI技术的发展，机器人已开始在餐饮、商场、酒店等经营场所占据一席之地，帮助人们完成基础的、重复性的工作，使员工有更多的时间和精力与顾客互动。

目前，餐厅机器人主要有迎宾机器人、点餐机器人、送餐机器人等。迎宾机器人能够智能迎宾，播放渲染餐厅气氛的音乐；点餐机器人能够实现通过智能语音自助点餐，通过语音推荐特色菜，并根据顾客需求点餐，并将顾客点的菜品云同步到厨房显示器上；传菜机器人能够将菜品精准送到顾客所在餐位，还有回收餐具等功能。

1. 热情礼貌的迎宾服务

迎宾机器人在门口感应到顾客进店后，会向顾客问好，还会主动介绍该餐厅的特色和亮点，从而起到烘托氛围的作用。

2. 精准流畅的送餐服务

传菜机器人能根据工作人员设置的送餐路线和指定位置准确送餐，并播放顾客喜欢的音乐，还会与顾客交流，在保证送餐准确率的同时让顾客更加舒适愉快地用餐。

智能机器人可以根据桌号传菜，每次能传一桌菜（或同时为多个餐桌送餐），机器人跑一趟相当于服务员跑两三趟。服务员选好桌号，轻轻一点，机器人便能准确地将菜品送到对应的桌位上。等菜品被端上餐桌后，服务员只需轻轻抚摸一下机器人的头部，机器人便会回到原地等待下一个送餐任务。机器人自主避障系统避免了汤汁洒出、高峰期碰撞等情况的发生，基本上能够做到零失误。

3. 提供舒适的包厢服务

包厢中的顾客在需要服务的时候，需要与服务员沟通，整个就餐过程中可能需要多次沟通。这样顾客的体验是极其不佳的，餐厅也增加了时间和人工成本。引入餐厅机器人以后，每个包厢只需要放置一个机器人，当顾客有需要的时候，给机器人下达指令，服务员就能接到指令，然后直接把顾客需要的东西送到包厢。

细节提示

餐饮业的服务升级已经迫在眉睫，人机搭配可大幅提高工作效率，提升服务水平，吸引更多的新老顾客。

5.2.2 提供个性化餐位和菜单

顾客到餐厅用餐有多种目的，包括家庭聚会、生日聚会、商务宴请，以及朋友、情人之间的聚会等。餐厅要根据这些顾客的需求和特点提供不同的服务。

顾客在预订餐位时一般会主动说明需要什么样的餐位，有什么特殊要求。如果顾客没有说明具体要求，服务员应主动询问顾客聚会类型，并在预订记录中备注说明。

个性化的菜单也尤为重要。菜单能起到向顾客传递餐厅信息的作用，顾客从菜单上可以知道餐厅提供的菜品和酒水的价格。顾客还可以从菜单的设计、印制风格上感受到餐厅的品位。

5.2.3　时刻留心观察顾客

在顾客就餐时，服务员要注意观察顾客有什么需要，主动上前提供服务。例如，有的顾客喝完一杯葡萄酒后想再点一杯，如果服务员没有主动上前询问，顾客因怕麻烦可能就不再点了。所以，服务员应在顾客的酒杯空了以后，主动上前询问顾客是否需要再来一杯。

5.2.4　提供超额价值服务

服务员需要具备较强的察言观色的能力，从而为顾客提供人性化的服务。

例如，服务员如果发现进店的顾客感冒了，可以主动提供热水、姜汤等；看到顾客喝醉酒了，可以为顾客送上一杯醒酒茶等。

5.2.5　提供免费茶水服务

顾客去餐厅就餐，刚落座时，有的餐厅会有服务员送来免费茶水——一杯白开水或者一杯凉爽的柠檬水，有的餐厅则什么也不给。餐厅管理者也许会认为这是一件小事情，但消费者心里的感受却大不一样。在消费者的心中，除了菜品之外，服务的好坏已经成为决定他们是否会再来这家店消费的重要因素。

5.2.6　提供洗手间里的贴心服务

把服务细节做到位的餐厅，不仅对顾客具体用餐的地方讲究，在洗手间也会为顾客提供贴心服务。

例如，在有些餐厅的洗手间的墙上会有一个袋子，其中装有各色的线和缝衣服的针，这是为方便顾客在衣服拉链坏了、衣服破了或扣子掉了等特殊情况时使用的。其实顾客能用得上这些针线的概率很小，但这样细致周到的服务的确让人感动。

还有些餐厅会在洗手间里为女性顾客准备热水、头绳、护手霜，甚至是卫生巾，这会让女性消费者产生亲切感。

5.2.7 餐桌上的意见卡服务

很多餐厅都会在餐桌上放一张别致的意见卡，上面工整地印着“您最喜欢哪道菜”“您对哪些地方不够满意”等内容。顾客吃完饭，在等服务员结账的时候，就可以填写意见卡，使餐厅能迅速了解顾客的意见。相较于一些餐厅由服务员拿着意见本找顾客打分的做法，填写意见卡既方便又快捷，还不会让那些真心为餐厅提出意见的顾客感到尴尬。

5.3 为特殊顾客提供特别服务

5.3.1 为醉酒顾客服务

在餐厅吃饭的顾客中经常有一些醉酒的顾客，有的趴在桌上酣睡；有的高声叫喊；有的甚至发酒疯、摔餐具、骂人。面对这种局面，服务员应该怎样做呢？

（1）提醒已经喝醉酒的顾客及在座的其他顾客，酒喝多了会影响身体健康。

（2）给醉酒顾客提供糖水、茶水解酒。

（3）当顾客来不及上洗手间呕吐时，服务员不能做出皱眉、黑脸等容易激怒顾客的动作和表情。

（4）可以建议呕吐的顾客吃些面条、稀饭等流食。

（5）如果顾客发酒疯，服务员应请在座的其他顾客予以劝阻，帮助其冷静下来。

（6）如果顾客醉酒打烂了餐具，服务员应准确清点，让顾客照价赔偿。

（7）服务员发现醉酒者出现呼吸困难等紧急状况时，应及时拨打120求救，或将患者送往医院。

（8）当顾客是因为遇到了不愉快的事情喝闷酒时，服务员要温和、婉转地劝其少喝些，并可以适当地与顾客交谈几句，说一些能安慰顾客的话，但切忌聊得太具体、太深入。

5.3.2　为残疾顾客服务

餐饮服务人员绝不能用异样的眼光看待残疾顾客，而要用礼貌、热情、专业的态度为他们服务。

1. 为盲人顾客服务

服务员应为盲人顾客提供帮助，具体做法如下。

（1）服务员为其读菜单，并帮助顾客了解菜品，同时，服务员在与顾客交流时，应尽量避免使用带有色彩的词语。

（2）服务员在每次提供服务前，应礼貌地提醒一声，以免在顾客毫无察觉的情况下发生意外。

（3）菜品上桌后，服务员要告诉顾客各个菜品的位置。

2. 为肢体残疾顾客服务

（1）服务员应帮助顾客收起代步工具，需要时帮助顾客脱掉外衣。

（2）顾客需要上洗手间时，如果需要帮助的，服务员应请与顾客同性别的服务员为其服务。

3. 为聋哑顾客服务

为聋哑顾客提供服务时，服务员要学会用手势示意，可以用手指菜品的方式来征求顾客的意见。

4. 注意事项

（1）在为残疾顾客服务时，服务员要展现出热情、细致、周到的服务态度，也要适可而止。有些顾客不愿意被特殊看待，所以服务员要注意不要在服务过程中过度热情或提及与残疾相关的词语，应让顾客既感到温暖又感到被尊重。

案例

一位坐着轮椅的顾客进入餐厅就餐，服务员小彭非常热情地帮助这位顾客就座、倒茶和点菜。由于这位顾客点的菜比较多，前几道菜还能放在他能够得到的地方，后上桌的菜放得远些，这位顾客夹起来就很困难了。

服务员小刘见状，立即上前帮忙夹菜，但这位顾客很客气地说要自己夹。小刘认为帮顾客是应该的，还是帮顾客夹菜，顾客突然生气地说："谁要你夹了！"随即很不高兴地付账之后愤然离开餐厅。

这就是服务员过度热情导致了不愉快的结局。

（2）在为残疾人提供结账服务时，服务员要耐心地向他说明每个消费项。

（3）服务员切忌帮顾客从钱包里拿钱，以免引起误会。

5.3.3 为带小孩的顾客服务

如果有带小孩的顾客来餐厅用餐，服务员要给予他们更多的关注和照顾。服务员可以从以下几个方面着手照顾带小孩的顾客用餐。

（1）服务员对小孩要有耐心，可以拿来儿童专用椅。餐厅应准备好儿童专用椅。

（2）不要在小孩的周围摆放刀、叉等餐具，另外应将易碎的物品挪到孩子够不着的地方，以免发生意外。

（3）如果有儿童菜单，可以请家长先为小孩点菜，服务员可以先给孩子上菜，儿童菜单上的菜要软、烂、易消化。

（4）小孩使用的餐具要安全，一般可以使用金属的、塑胶的或木制餐具，尽量不要选择玻璃制品，给小孩倒饮料时，不要用太高的杯子，以便其使用。

（5）尽可能为小孩提供围兜儿、新的坐垫和餐厅送的小礼品。

（6）如果小孩在过道上玩耍，打扰了其他顾客正常用餐，要建议家长看管好小孩，以免发生意外。

（7）小孩用完餐后，服务员可以为其提供一些简单的玩具，或者帮助家长照看一下小孩，以便大人用餐。

案例

一天，某餐厅来了几位带小孩就餐的顾客。半小时过后，小孩吃得差不多了，几个年纪相仿的小孩便一起玩耍，整个餐厅顿时吵闹起来。孩子的父母只是提醒孩子不要摔跤，就只顾与同来的朋友聊天。随后又来了几个更小的小孩，也跟着那群孩子跑来跑去。

这家餐厅并没有为孩子设立专门玩耍的地方，小孩子们的打闹给服务工作带来了很多不便：有的顾客投诉餐厅吵闹，没法安静地享受美食；一位老人在行走时差点被撞倒；因为孩子们的冲撞，险些使传菜员弄洒托盘里的菜；在领台员领位时，孩子们妨碍了顾客的行走。

于是，大堂经理先来到孩子们的父母跟前，礼貌地对他们说："对不起，打搅你们一下可以吗？你们的孩子真的非常活泼、可爱，但在餐厅里来回奔跑，恐怕容易发生意外。为安全起见，可否请他们回座位呢？我们将向孩子们提供一些简单的玩具和图书，您看好吗？"然后她温和地对孩子们说："小朋友，你们好！看到你们玩得那么开心，现在一定累了，对吗？你们想不想看小人书和玩玩具啊？"孩子们一听有书看、有玩具玩都很高兴，全都举手说要书、要玩具。经理马上提议道："好！那就马上回到自己的座位上，看谁最乖，服务员阿姨就将玩具和书送给谁。"话音一落，孩子们马上回到了各自的座位上，乖乖地等着服务员阿姨的到来。孩子们逐渐安静下来。餐厅又变得像以往一样安静。

（8）有的小孩十分可爱，但服务员最好不要去抱小孩或是抚摸小孩的头。在没有征得小孩父母同意的情况下，服务员不要随意给小孩吃东西。

总之，对于带小孩用餐的顾客，服务员既要热情，又要注意把握好分寸。

5.3.4　为老年顾客服务

如果就餐的顾客是老年人，服务员要予以特殊照顾。

若看到老年顾客独自前来用餐，服务员应主动扶其就近入座，放好手杖等物品；在顾客离开前，服务员应主动把手杖递到他手中。

在给老年顾客上菜时，上菜员要注意速度尽量快一些，不要让其久等，给老人做的饭菜要烂、软，便于咀嚼。

总之，对于老年顾客，服务员应给予更多的关心。

案例

陈先生和他70多岁的母亲来到餐厅用餐，由于老人的行动不太方便，陈先生在一旁搀扶着母亲。这一情景被服务员小郑看到后，她快速走到老人面前说：“老奶奶，您慢点，我来扶您吧。”到了餐厅的门口，小郑将旋转门的速度放慢，扶老人安全地进入餐厅。

进了餐厅之后，小郑还专门为老人安排了一个出入方便的就餐位置，然后微笑着离开了。待陈先生及母亲用完餐准备离开的时候，小郑又细心地把老人送出了餐厅，当老人准备上车时，小郑不仅为老人拉开车门，而且将老人扶进车里，帮老人把大衣掖好，最后将车门轻轻地关上。小郑这一系列行为使陈先生和他的老母亲非常感动，他们连连称赞说：“你们的服务太好了，下次我们还来这儿用餐！”

5.3.5 为熟人或亲友服务

服务员如果遇到熟人或亲友来用餐，也应热情礼貌、主动周到，而不能直接离岗，与熟人或亲友闲谈。

服务员不可在大庭广众之下，不顾自己的身份和工作场所的规定，与亲友或熟人寒暄过长时间，以免引起其他顾客的不满，造成不良影响。

在点菜和结账时，服务员最好回避，请其他同事代劳，以免引起误会。

5.3.6 为生病的顾客服务

（1）当顾客告诉服务员，自己生病需要特殊食品时，服务员要礼貌地询问顾客哪里不舒服，需要哪些服务。

（2）服务员尽量将生病的顾客安排在距餐厅门口较近的座位，以便顾客离开餐厅。如果顾客头痛或心脏不好，则要为顾客安排相对安静的座位。

（3）点菜员要积极地向顾客推荐可口的饭菜。

（4）如果顾客需要就医，服务员要向顾客介绍附近的就医场所。如果顾客需要服药，则为顾客提供白开水，方便顾客服药。

（5）如果遇到突然发病的顾客，服务员须保持冷静，立即通知医务室，同时搀扶顾客坐在沙发上休息。

（6）如果顾客已经休克，服务员千万不要随意搬动顾客，应安慰顾客家属或朋友并等候医生到来，待医生赶到后，服务员要协助医生送顾客去医院就医。

5.3.7　为赶时间的顾客服务

（1）服务员如果发现顾客赶时间，应尽量将顾客安排在靠近餐厅门口的位置，然后礼貌地问清顾客能接受的用餐时间。

（2）待顾客入座后，服务员应立即为顾客点菜，并推荐上菜速度快的菜品。

（3）服务员要在顾客要求的时间内快速准确地把菜上齐。在顾客用餐的过程中，服务员要及时为顾客添加饮料并更换餐盘。

（4）服务员应在顾客用餐完毕后及时准备账单，并在顾客结账时对服务过程中不周到的方面表达歉意。

5.4　对异常情况随机应变

5.4.1　菜汁、汤汁等溅到顾客身上

菜汁、汤汁、酒水溅到顾客身上，往往是由于服务员操作不慎或违反操作规

程所致。在处理这种情况时服务员首先应诚恳地向顾客道歉，然后用干净的湿毛巾为顾客擦拭衣物上的污渍。

如果餐厅有备用的衣服则可以给顾客换上，并把脏衣服按下列方式处理。

（1）如果是油渍，将弄脏的衣服浸泡在加了清洁剂的热水中半个小时后，再搓洗干净。

（2）如果是茶渍、咖啡渍，尽快将衣服浸泡在冷水里，用一般的方法清洗。

（3）如果是红酒渍，在衣服入水前，先将白酒或酒精倒在红酒渍上，也可将醋精倒在红酒渍上反复搓，再将衣服放入较热的清水中清洗。

除以上方法外，服务员也可将衣服送到专业洗衣店清洗。将衣服洗净、熨平后，由餐厅主管亲自给顾客打电话确认送衣地点，由服务员带上致歉函，把衣服送到顾客手中。

5.4.2 顾客有要事谈

服务员在为顾客提供服务时要周到、细致，但也要根据场合察言观色，如果发现顾客来餐厅的目的是谈事情，就不要过多地干扰顾客。

（1）要求坐在餐厅的角落和要求用包房的顾客，多数是为了找一个安静的环境，便于洽谈和不受干扰。

案例

两位顾客相约到一家餐厅谈些重要的事情，为防止被打搅，她们特意订了一间包间。两位顾客坐下开始聊天，服务员小赵殷勤地上茶、递毛巾、送餐前小吃，接着她还准备介绍餐厅。

如果只是为了吃饭，顾客会觉得小赵的服务很周到，可是当时她们急于谈事，而且由于她们谈的事情比较私密，不愿让别人听到，所以每当小赵进来的时候，她们就会被打断，从而感觉很不舒服。最后，顾客只能告诉小赵：“没有叫你进来时，请你别进来打搅我们!”小赵吓了一跳，红着脸出去了。

（2）如果顾客乐于攀谈，服务员可以与其多聊几句，以使顾客觉得餐厅的服务员待客热情。

（3）如果顾客落座后显得比较兴奋并急于与同来的顾客谈话，服务员则应该微笑、安静地为他们服务，然后礼貌地离开。

（4）服务员在提供服务时，应保持安静。如需提醒顾客点菜或有事要向顾客说明，应在顾客讲完话后再礼貌地插话："对不起，先生，打搅一下好吗？现在已经快下午1：00了，您是否需要先把菜点好再接着谈？""对不起，打搅了。你们点的菜刚刚售罄了，可以请你们另外再点一道菜代替吗？"

等事情得到解决后，服务员还要再道歉一次才可离开："谢谢你们的理解。打搅大家了，实在抱歉。"

（5）服务员要多观察顾客的言行。如果服务员的工作打搅了顾客，就应该减少像更换骨碟这样的服务；在更换时，也尽量从不妨碍顾客视线的角度进行，并轻拿轻放，尽量减少对顾客的干扰。此外，顾客在谈一些重要的事情或隐私时，服务员应该自觉地退出房间，并将门关上；需要进来时，服务员应先敲门，在征得顾客许可后再进入房间。

5.4.3　顾客赠送礼品或小费

顾客为了表示感谢，往往喜欢赠送服务员礼品或小费，以此表示对服务员服务态度的认可。遇到这种情况时，服务员要婉言谢绝，向顾客解释不收礼品或小费的原因，语言要简洁明了，不必过多。

如果实在推脱不了，服务员可以暂时收下并表示谢意。事后，服务员要向餐厅经理讲明原因，做好登记。服务员也可以根据餐厅规定进行处理。

5.4.4　顾客损坏物品

绝大多数顾客在餐厅损坏餐具或用具都是不小心所致，面对这种情况，服务员可选用的具体处理方法如下。

（1）服务员要先清理干净破损的餐具和用具。

（2）服务员要对顾客的失误表示理解，不要指责或批评顾客，使顾客难堪。

（3）服务员要根据餐厅的有关规定，视情况决定顾客是否需要赔偿。

如果是一般的消耗性物品，服务员可以告诉顾客不需要赔偿，如果是较高档的餐具和用具，服务员要在合适的时机，用恰当的方式向顾客讲明具体的赔偿金额，然后在结账时一并收款，并开出正式的收据。

案例

一位女士在某餐厅酒架前选红酒时，不小心摔碎了一瓶红酒。服务员闻声跑过来看到这一情况马上关心地询问："您没有受伤吧？"

顾客不好意思地说道："我没受伤。不过，打破了一瓶酒，真是对不起。这瓶酒多少钱？我照价赔偿。""不用，不用！是我们没有将商品陈列好才让您受惊的，这是我们的疏忽，您不用在意。"服务员说完后，便叫清洁工把碎玻璃清理干净。

顾客依然觉得过意不去，坚持要赔偿。服务员一再委婉地拒绝后，顾客说："好吧，既然你坚持不让我赔偿，那么请给我拿六瓶你们这最好的葡萄酒。"说完，她便买走了六瓶价格不菲的葡萄酒。

5.4.5 顾客偷拿餐具

一些特色餐厅中餐具的款式和做工比较精巧别致，有些顾客喜欢悄悄地拿一点小物品或是餐具作为纪念品。

当服务员发现顾客偷拿餐具时，不要大声嚷嚷，更不能生硬地让顾客当场把偷拿的物品交出来。遇到这类问题时，服务员应讲究策略与方法，巧妙解决。

5.4.6 由于等候时间太长顾客要求取消菜品

顾客催菜是个常见的现象。遇到这种情况时，服务员要按如下步骤处理。

（1）先向顾客道歉。

（2）对照点菜宝和顾客桌上的菜品，确认无误后，马上通知传菜员或亲自到厨房核对、催促菜品。

（3）若顾客要求退掉该菜品，应赶快去厨房查问这道菜做了没有。如果菜品即将做好，要回去和顾客解释，并告诉顾客所点的菜很快就能上桌，请他们稍等，并为此再次道歉；如果这道菜品还没做，应同意顾客取消菜品的要求。

案例

有一次某餐厅来了一桌顾客，也许是饿了，他们吃得很快，不久之后他们已经吃饱了，可是后面还有两道菜没上。于是他们招手叫服务员过来，要求将那两道菜取消，理由是上菜速度太慢。服务员只好说："我到厨房看看菜做好了没有吧。"说完马上去厨房查问。一问才知道两道菜都正在做，其中一道菜快要端出来了，另一道菜也马上就要做好了。服务员愁容满面地回到顾客桌前解释，想说服他们继续享用那两道"迟来"的菜，但顾客坚持要退。无奈之下，服务员只好找领班来解决。

领班是一位温文尔雅的女士，一见到顾客，她就面带微笑地向顾客了解情况。等顾客将心中的牢骚和不满都发泄完后，领班才笑着说道："菜到现在还没上齐，完全是我们的错，责任自然要由我们承担。如果你们要退菜，我完全赞成。但我听你们的口音好像不是本地人，对吗？"顾客听到领班同意退菜后，马上松了口气，语气也缓和了很多。其中一人回答说："是啊，我们从北京来广州做生意，忙得连中午饭都没吃上。所以刚才狼吞虎咽地就吃饱了。""哦，怪不得！其实后面这两道菜是广州特色菜，口感香、不油腻，今天做这两道菜的大师傅可是我们餐厅的金字招牌，获奖无数的呀。你们尝不到这两道菜真是有点可惜呀。"领班说完，还露出一种惋惜的神情，说得那几位顾客不由得犹豫了起来。领班似乎看出了他们的心思，进一步说："如果你们真的决定不要了，我可就安排给其他等待的顾客啦。"说完就招呼另一位服务员过来，吩咐她将摆在工作台上香喷喷的菜，端到另一张桌去。一位顾客马上摆手阻止说："既然这么好，我们就尝尝吧，把菜放在这好了。"

为了使顾客吃得满意，领班还在饭后专门过来向顾客征求意见并亲自送上了果盘，其诚恳的态度，使原本有心退菜的顾客高兴地结账离开。

5.4.7 餐厅客满，怎样合理安排座位

（1）如果餐厅座位已满，服务员应礼貌地告诉新来的顾客："对不起，小姐/先生，现在已经没有空座位了。请您在休息处稍等一会儿好吗？如果有顾客结账离开，我就马上告诉您。"

（2）在人多的情况下，服务员要给等候的顾客排号并做好登记，不能让先来的顾客后得到座位，否则将会引起顾客的不满，同时也显得餐厅管理混乱。

（3）为等位的顾客送上茶水和零食等，转移顾客的注意力。

（4）即使有了空位，也不要急于将顾客带进餐厅，应等服务员将桌子收拾好，摆好台，再请顾客入座；否则顾客看到狼藉的餐具，还要站在一旁等候服务员收拾、换桌布、重新摆台，这种情况会使顾客享用美餐的心情大打折扣。

（5）如果顾客没有时间久等，服务员应向顾客介绍一些制作速度快的菜品，请顾客将食品打包回家。服务员可以对顾客说："我们餐厅有几道味道不错的菜，可以让厨房尽快做出来然后您打包的，您觉得如何？"并要道歉："实在不好意思，因为今天来的顾客特别多，不能马上为您安排座位，请您谅解。"

（6）服务员可以给顾客奉上餐厅的订座名片，请顾客下次提早预订座位。

5.4.8 顾客发现饭菜中有异物

在餐饮服务中，有时会发生菜品有异物问题。例如，菜肴中有草根，米饭中有黑点，有时菜肴中甚至还有如碎瓷片、碎玻璃、毛发、铁钉等物品。

遇到此类情况时，服务员应首先向顾客表达歉意，然后将所有已经上桌的饭菜都立即撤下来，查清异物。

细节提示

出现异物的原因不同，顾客的反感程度也不一样，对于像草根之类的异物，顾客一般可以理解，如果是人为的问题，顾客可能会非常反感。

服务员经过检查，认定菜品存在异物后，要立即为顾客重新做一份饭菜，或者征求顾客的意见，经顾客允许之后换一款与之相似的菜肴。同时，服务员要再次向顾客表达歉意。

一旦饭菜中有异物餐厅就一定要做出相应的表示，通常换菜是最基本的补偿方式，有时候还要免收部分餐费，餐厅管理人员要亲自向顾客赔礼道歉。

当餐厅制作的饭菜中出现异物时，无论是何种原因，餐厅管理者都要高度重视，因为这关系到一家餐厅的声誉。

案例

于先生是一家安防公司的销售部经理，过节了，他请同事们来到一家湘菜馆聚餐。大家分别点了自己喜欢的菜肴，有“滑菇笋片”“蚂蚁上树”等。

不一会儿，菜逐一上桌了，“这是您点的‘蚂蚁上树’”“等一会儿，服务员！”于先生笑着说，“你说这叫‘蚂蚁上树’，是吗？”“对呀，这是我们饭店的特色菜。”服务员微笑着说。

于先生指着菜说：“我看这是头发上树吧，这美味可口的粉丝上面怎么镶嵌着一根头发丝呀？”大家顺着于经理的手指看过去，在粉丝中果然夹杂着一根黑色的头发。“先生，非常抱歉！我马上给您换菜！”服务员尴尬地说。她迅速地把菜撤掉让厨房又重新做了一份。

5.4.9　顾客反映菜品口味不对

顾客反映菜品的口味不对，有时是指菜品的口味过咸或过淡，有时是指菜品原料的质量有问题，有时也可能是指菜品的烹调方法与顾客想象的不一致。

（1）如果是由于菜品咸淡不合适而导致顾客的不满，服务员应将菜品从餐桌撤下，送回厨房重新制作，服务员要向顾客表达歉意。

（2）如果是烹调方法而导致顾客不满，服务员也应该向顾客表达歉意，然后婉转且礼貌地向顾客介绍一下本餐厅的此种菜肴的制作方法，以获得顾客的理解。

（3）如果是原材料的质量出了问题，服务员要立即撤下菜品，向顾客道歉，请顾客重新点一款与此菜肴口味相似的菜品，并立即制作，将完成的菜品端上桌后请顾客再次品尝。

5.4.10 答不上顾客提出的问题

顾客在餐厅用餐时，有时会问服务员一些问题，如本餐厅食品的品种，或是当地有哪些风景名胜，或者是某公共场所的地址等问题。

服务员如果答不上顾客提出的有关餐厅服务内容的问题，应求助他人，然后给顾客一个准确的答案。

有时顾客也会问一些关于菜品的做法，或是原料的品种等问题，服务员如果知道，就直接告诉顾客，若不太清楚，就要表达歉意，了解清楚情况后及时回复顾客。

案例

在某家餐厅，一位顾客问服务员“葱烧海参”这道菜中使用的海参是什么品种。这位服务员回答不上来，就说：“实在对不起，我不太清楚，我去问问厨师再告诉您。”顾客对该服务员很满意，因为他感觉得到了尊重。

服务员在餐厅服务过程中会经常遇到诸如此类的问题，因此服务员在平时的工作过程中要细心地了解、观察、询问，多掌握各种与菜品相关的知识。

5.4.11 顾客因长时间未上菜品而要求减账

顾客点了菜，却迟迟没有上菜，值台服务员也没有注意到这种情况，没有及时与厨房联系，这是餐厅的失误。

发生这种情况时，顾客要求退菜、减账是可以理解的，因为是餐厅延误了太长时间，服务员也没有及时催菜，所以，服务员应及时满足顾客的需求。

当然，在具体处理这种情况时，服务员也可以与顾客商量一下，看能否尽快把菜品做出来然后为顾客上菜，但是决定权在顾客手中，服务员不能强求。如果顾客仍然不同意，执意要求退菜、减账，服务员应同意，并且向顾客道歉，以得到顾客的谅解。服务员还应反思一下自己失职的原因，并在以后的服务工作中及时改进。

5.4.12　顾客反映账单价格不对

结账时，如果顾客认为结算的价格有出入，服务员要针对具体原因采取相应的解决方法。

（1）服务员在顾客点菜时，对有些菜品的价格解释得不够清楚。例如，某些海鲜类的价格大多写的是时价，或者是每500克的价格，但顾客误以为是该菜肴的准确价格，以致造成了误会。服务员应该拿着菜单，再次向顾客认真地解释，以求得顾客的谅解。

（2）顾客在点菜时没看菜单，餐后结账时发现价格与自己估算的价格有出入，要求看账单核对。

（3）在上菜时，有的菜品漏掉了没上，顾客当时没讲，结账时才提出来价格不对。账单的差错完全是值台服务员的责任，值台服务员应该拿回账单，减去没上的菜价，向顾客道歉后再结账。

（4）服务员在顾客结账前没有认真地核对顾客的账单，而收款员在开账单时出现了差错或失误。服务员要收回账单，重新核对各项内容，如果确实是收款员弄错了、多收了，收款员要向顾客道歉，并讲明出错的原因，得到顾客的谅解后再请顾客结账。

（5）顾客自己计算错了的时候，服务员不应该表现得不耐烦，应该耐心地向顾客解释，如果有必要，还可以拿出账单和顾客一起核对。

服务员在解决以上这些问题时应当注意自己的态度和用词，不要把小事扩大，引发冲突。在必要时，餐厅的主管、经理也应出面解决问题。

5.4.13　顾客出言不逊

个别顾客由于某些原因，对服务员出言不逊，甚至出口伤人的情况也时有发生。

情况不同，服务员的处理方式也不一样。如果是顾客自身的素质较低，不注重在公共场合的言行举止，服务员可以冷静地对待，一般不要与其计较，如果顾客的言行实在太过分，服务员可以冷静地请顾客收敛其言行；有必要的话，还可以报告领导和有关部门，请其出面协助处理。

如果顾客是由于受到怠慢而出言不逊，服务员或餐厅应该立即弥补自己在服务上的失误，不要在意顾客在言语上的过激与无礼。

总之，遇到出言不逊的顾客时，服务员首先应以礼相待，若情况并无好转，也不能以粗对粗，而应及时通知有关部门和人员协助处理，用文明的方式、方法解决纠纷。

5.4.14 顾客丢失财物

为了避免顾客丢失财物，顾客来餐厅就餐时，服务员应热心、适度地提醒顾客保管好自己的财物。

如果顾客丢失了财物，服务员应尽量帮助顾客寻找，一定要让顾客感到服务员是在诚心实意地帮他。

如果顾客在餐厅里丢失了财物，服务员应问清楚顾客当时用餐的具体位置、餐桌台号、物品件数和特征等情况，并且当着顾客的面登记备查，或是通知有关部门进行协查寻找。

如果没有找到，服务员可以请顾客留下联系地址和电话号码等，以便一有信息就及时告知顾客。

有的顾客因丢失物品，难免会对餐厅的环境或是服务员产生怀疑，甚至当场说些“过头话”，服务员应同情和理解，坦诚相待，不急不恼，认真查找，以自己的实际行动化解顾客的愤怒，这样有助于解决问题。

5.5 突发状况处理方法

5.5.1 顾客烧烫伤的处理

如果顾客在餐厅不小心被烫伤，服务员必须做好紧急处理工作，具体操作步骤如下。

（1）将被烫伤部位用自来水冲洗，或者将被烫部位浸泡在水中，迅速降低皮肤的表面温度。

（2）将被烫伤的部位充分浸湿后，再小心去除烫伤部位表面的衣物，必要时可用剪刀剪开，如果衣物已经和皮肤发生粘黏，可以暂时保留衣物，注意不要将烫伤处的水泡弄破。

（3）继续将烫伤部位浸泡在冷水中，以减轻伤者的疼痛感，但不能泡得太久，应及时将伤者送到医院，以免延误治疗时机。

（4）用干净毛巾将伤口覆盖起来，千万不可自行涂抹任何药品，以免引起伤口感染，影响医疗人员的判断与处理。

（5）尽快将顾客送到医院治疗，如果伤势过重，最好送到设有整形外科或烧伤科的医院。

（6）如果顾客身上着火，服务员应该告知顾客尽量用双手掩盖脸部，并让其立即倒地翻滚或者立刻拿桌布等大块布料将着火者包住告知其立即倒地翻滚将火熄灭。等到火熄灭后，再按以上烫伤急救步骤处理。

5.5.2 顾客突然病倒、跌倒的处理

顾客在餐厅用餐时，任何意外情况都有可能发生，突然病倒就是其中一种。遇到就餐顾客突然病倒时，服务员应按照以下方法解决。

（1）保持镇静。对于突然发病的顾客，服务员要保持镇静，首先打电话通知

急救部门，再通知餐厅有关部门，采取一些可行的抢救措施。

（2）如果顾客昏厥或是摔倒，不要随意搬动顾客。服务员要认真观察顾客的病情，帮助顾客解开领扣，松开领带，等待急救医生的到来，按医生的吩咐，做一些力所能及的事情。

（3）如果遇到有些顾客在进餐过程中，或是进餐后尚未离开餐厅时出现肠胃不适等症状的情况，服务员也要尽量帮助顾客。服务员可以帮助顾客叫急救车，或是引领顾客去洗手间等。与此同时，服务员不要急于清理餐桌，要保留顾客吃过的食品，留待检查化验，以便分清责任。

（4）当顾客突然病倒时，服务员不要自作主张地给顾客使用药物。

（5）顾客在餐厅跌倒后，服务员应主动上前将顾客扶起，细心询问顾客有没有受伤，情况严重的应马上与医院联系，并及时做好登记，以备后续查询。

5.5.3 顾客打架闹事的处理

（1）服务员在劝阻顾客打架闹事时，要注意方法，态度上要尊敬对方，言语上要用词恰当，但自己不要介入纠纷。

（2）一般来说，打架闹事的人多是出于一时的冲动，只要服务员能及时、恰当地劝阻，一般都会顺利化解。

（3）制止打架斗殴，不仅是为其他顾客的安全着想，也是为打架的双方着想。

（4）如果打架闹事者根本不听劝告，情况比较严重的，餐厅应报警，请警察采取适当措施，以维持餐厅的秩序。

5.5.4 突然停电的处理

开餐期间如果遇到突然停电的情况，服务人员要保持冷静，首先请顾客不必惊慌，然后立即开启应急灯，或者为顾客点燃备用蜡烛，并说服顾客不要离开自己的座位。

停电后，餐厅管理人员应马上与有关部门取得联系，搞清楚断电的原因，如果是餐厅的供电设备出现了问题，就要立即派人检修，尽快恢复供电。如果是地区停电，或其他一时不能恢复供电的情况，餐厅则应采取相应的对策。服务员应为正在餐厅用餐的顾客继续提供服务，并向顾客表达歉意，同时暂不接待新顾客。

平时，服务员应将餐厅里的备用蜡烛放在固定的位置，以便需要时使用。餐厅如备有应急灯，相关人员应该在平时定期检查应急灯的插头、开关、灯泡是否能正常工作。

5.6 顾客投诉妥善处理

5.6.1 处理投诉的原则

顾客的投诉可以让餐厅有改进的机会，知道哪里需要改进。

餐厅若能处理得当，使这些投诉转化为改善服务的建议，能使餐厅不断完善服务。

所以，遇到客户投诉，不要慌。餐厅如果能处理得当，投诉也不一定是坏事。餐厅员工可以按照图 5-1 所示的原则来处理顾客的投诉，从而转危为机。

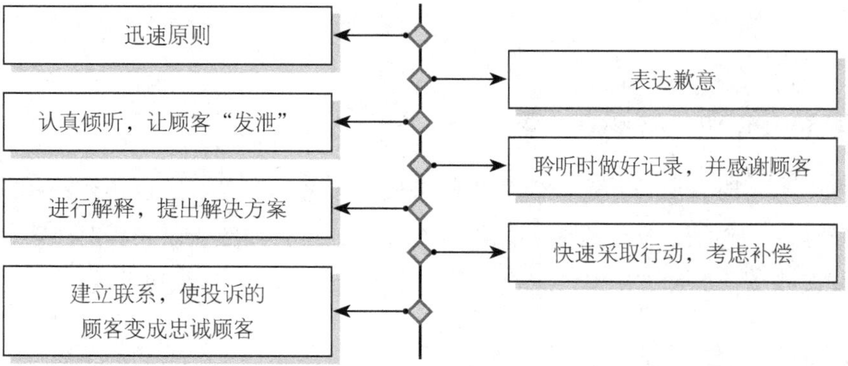

图 5-1　处理投诉的原则

1. 迅速原则

遇到顾客投诉时，服务员一定要第一时间了解情况，然后迅速做出回应。这样做的好处如图 5-2 所示。

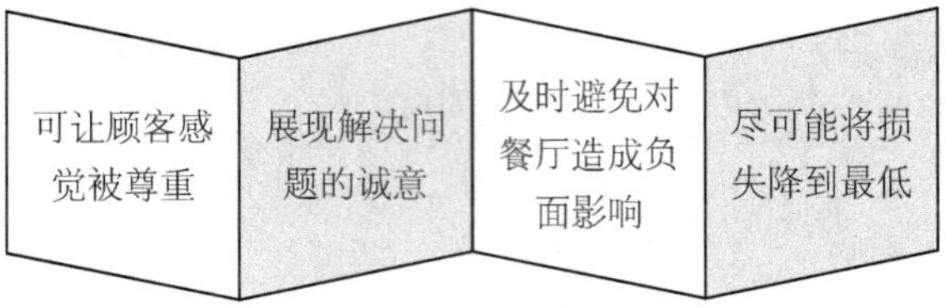

图 5-2　迅速回应的好处

2. 表达歉意

当发生顾客投诉时，当时和事后的处理都很重要。首先，不管客诉的真相是什么，“造成顾客不愉快”这是事实，所以服务人员应该先对此诚恳地道歉，而非急着撇清责任。道歉并非承认错误，而是对顾客不愉快的消费体验表达歉意。

细节提示

服务人员要做到不卑不亢，该道歉时道歉，但是不要包揽全部责任，不然就会在后续的处理过程中非常被动。

3. 认真倾听，让顾客“发泄”

面对客诉时，服务员道歉之后不应该反驳顾客的意见，应让顾客畅所欲言，并理解顾客的想法，在倾听时要注视顾客并不时点头回应，以表示对顾客的尊重和对问题的重视。顾客发泄完不满后，才会接受服务员的解释和道歉。

4. 聆听时做好记录，并感谢顾客

在聆听的过程中，服务员要认真做好记录。这样既能让顾客感到服务员的用

心，也能作为快速处理投诉的依据，为今后服务工作的改进作铺垫。

5. 进行解释，提出解决方案

服务员要根据所见所闻，及时弄清楚事情的来龙去脉，并给出合理的解决方案。

这里要注意的是，一定要让顾客知道并同意服务员的解决方案。如果顾客不知道或不同意解决方案，不要盲目采取行动，服务员可以礼貌地征得顾客的同意，如“先生，您看我这样处理是否合适”等。

6. 快速采取行动，考虑补偿

当顾客同意解决方案后，服务员就要立即行动，一定不要拖延时间，否则只会使顾客更不满，及时快速解决问题是顾客的最大需求。

顾客抱怨或投诉很大程度是因为他们的利益受损。因此在这时餐厅如果能给予顾客一定的补偿，会更容易得到顾客的理解。

细节提示

补偿可以是免费的酒水、甜点等，也可以为顾客免费更换菜品或打折，还可以赠送一些小礼品、代金券。

7. 建立联系，使投诉顾客成为忠诚顾客

解决完问题之后，还可以留下顾客的联系方式，对顾客的满意度进行调查，这样会让顾客感受到餐厅的诚意，从而使顾客继续光临餐厅。

在询问顾客联系方式时，也有技巧，比如服务员可以先把自己的名片递给顾客并说：“下次来可以给我打电话，我帮您预留位置。”然后请顾客留下电话，或者加顾客微信。

5.6.2 处理投诉的步骤

对餐厅来说，顾客投诉不可避免。那么，如何在投诉发生后，及时化解顾客的怨气，大事化小，小事化了呢？对此，餐厅员工可以参考图 5-3 所示的步骤来处理顾客的投诉。

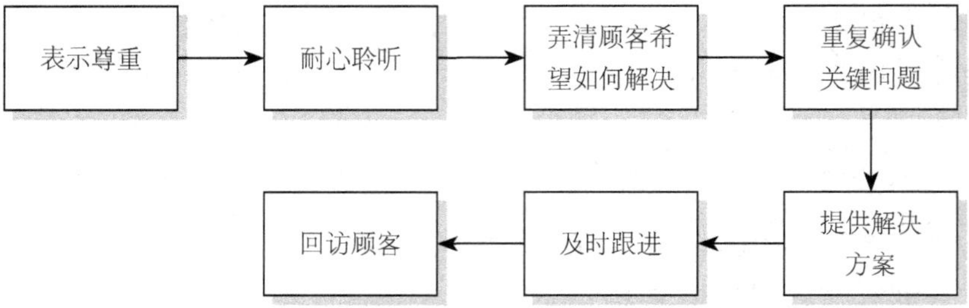

图 5-3　处理投诉的步骤

1. 表示尊重

顾客通常不会无缘无故地投诉，所以服务员首先要了解顾客为什么会投诉。接近顾客的第一步是要让顾客感觉到你对他的重视和尊敬。

比如，可以用以下语句。

“您的意见对我们改进服务是非常重要的和有价值的。”

“我非常理解这个问题给您带来的困扰。”

“我非常理解您的感受。”

“这的确是一件非常让人失望的事情。”

“我为您所遇到的问题而感到非常抱歉。”

“我以前也遇到过这件事情，当时我的感受和您是一样的。”

2. 耐心聆听

顾客需要发泄，所以服务员一定要耐心聆听。让顾客感觉到你愿意听他们说话。这时候你需要引导他们讲述事情经过，然后再用同理心让他们觉得你理解他们。

比如，可以用以下语句。

“您能否告诉我事情的经过呢？”

“请告诉我发生了什么事。”

“您是否可以慢慢地把事情的经过告诉我，我将把它记录下来。”

3. 弄清楚顾客希望如何解决

顾客希望得到解决方案，但是很多时候顾客又不愿意直说。此时，餐厅工作人员最好做一些引导，弄清楚顾客的想法，然后找到最好的解决方法。

比如，可以用以下语句。

“请问您觉得我们如何处理会更好呢？”

“请问我们能为您做些什么吗？”

“您觉得我们该如何解决这个问题才合适呢？”

“我该如何协助您呢？”

“我们该立即做些什么才能缓解这件事呢？”

“您觉得还有哪些方面是不妥当或令您不满意的呢？”

4. 重复确认关键问题

再三确认会让顾客有一种“我的要求好像有点过分”的感觉，同时顾客会觉得受到了重视。

比如，可以用以下语句。

“请让我确认一下您需要的是……”

“问题的所在是……”

“请让我再次与您确认一下您所期望的……”

“为了避免我误解您的意思，请允许我归纳一下该为您做的事情。”

5. 提供解决方案

确认顾客的要求和期望后，服务人员就可以提出餐厅认可的解决方案了。提出解决方案时，不能太着急。无论顾客同不同意，服务人员的态度都应该温和冷静。餐厅最好有几种方案供顾客选，而不是只给一种方案。

比如，可以用以下语句。

“您可以选择……”

“我将立即核查此事并将在……回复您。”

“您可以……我们可以提供……”

“这里有一个选择，您看……”

6. 及时跟进

顾客接受解决方案之后，服务员就要马上跟进。如马上告知后厨为顾客换菜，并且让服务员送上小菜以表歉意，或者打折/免单。

比如，可以用以下语句。

“我们的厨师现在就为您重新做一份菜，请您稍等。”

“我立即核查您的账单，并将在10分钟内答复您。”

“我立刻……请您……或者您是否可以……”

7. 回访顾客

大部分餐厅都没有按时回访顾客，但是，如果想成为一个口碑好的餐厅，事后对顾客进行回访是必不可少的。这能加深顾客对餐厅的印象，同时赢得口碑。

比如，可以用以下语句。

“请问餐厅对此事的处理方法让您感到满意吗？”

“还有其他的事情我可以为您效劳吗？”

细节提示

在服务行业，被顾客投诉或者刁难是常有的事情，但是很多投诉都可以在服务过程中得到化解甚至可以避免。因此，在日常工作中，餐厅需要对员工进行相应的培训。假如出现了投诉，餐厅要尽快解决，而不是爱理不理从而导致严重的后果。

5.6.3 处理投诉的禁忌

在处理顾客投诉时，餐厅工作人员要注意一些禁忌，即使错误不是由餐厅造成的，工作人员也要平心静气地接受顾客的投诉，并帮助顾客处理问题，在这个过程中，餐厅员工要注意图 5-4 所示的禁忌。

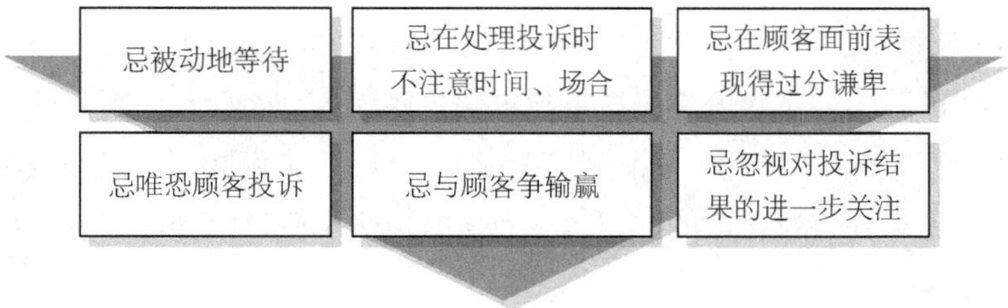

图 5-4　处理顾客投诉的禁忌

1. 忌被动地等待

工作人员大部分时间应在大堂迎来送往顾客，认真回答顾客的问题，不错过与顾客交流的机会，一方面了解顾客对餐厅的看法和不满意的地方，另一方面努力发现餐厅服务与管理中存在的问题与不足，及时发现潜在问题，抢在顾客投诉之前处理。

2. 忌在处理投诉时不注意时间、场合

有的工作人员在处理顾客投诉时往往只注重坚持原则性，而会忽略处理问题的灵活性和艺术性。在不恰当的时间与场合（比如顾客正在进餐、发怒时，或是在公共场所与顾客谈话时）处理投诉最终效果不会好，并有可能引起顾客更强烈的反感。

3. 忌在顾客面前表现得过分谦卑

工作人员是代表餐厅处理顾客投诉和接待顾客的，其一言一行代表着餐厅形象，因此应表现得彬彬有礼、不卑不亢。

4. 忌唯恐顾客投诉

从表面上看顾客投诉餐厅是件坏事，实际上却是件好事，投诉的顾客就像一位医生，在无偿地为餐厅进行诊断，帮助餐厅经营者对存在的问题对症下药，改进服务和设施，提高服务质量和管理水平。所以餐厅的经营者不应该回避投诉，

而应以积极的心态对待和处理投诉。

5. 忌与顾客争输赢

餐厅遇到顾客投诉，说明餐厅的服务和管理存在问题，否则顾客是不会当面投诉的，所以，即使某些顾客的投诉与事实有些出入，餐厅也应听从顾客的建议（在不违背原则的前提下）。如果餐厅表面上“赢”了顾客，结果使顾客丢了面子，那会使顾客失去对餐厅的好感，导致顾客再也不到这家餐厅就餐，最终受损的还是餐厅。

6. 忌忽视对投诉结果的进一步关注

一般情况下，餐厅中负责了解和记录顾客投诉的工作人员，并不是解决实际问题的人，因此顾客投诉最终能否得到解决仍然是个问号。事实上，很多顾客的投诉并未得到根本解决，或是这个问题解决了，却又发生了另外一个问题。所以餐厅掌握投诉处理过程，对处理结果予以关注并将其反馈给顾客尤为重要，这么做能使顾客感到餐厅对投诉非常重视，从而使顾客对餐厅留下良好的印象。

细节提示

如果遇到那些无理取闹或者故意惹事的顾客，最好不要理会或者直接“请”他们离开。当然要记得留好证据。

扫码听课

通过学习本章内容，想必您已经了解和掌握了不少相关知识，为了加固对本章的理解，以便在今后工作中学以致用，我们特意录制了相关的小视频，读者可以扫描下面的二维码进行观看和学习。

5.1　5.2　5.3

5.4　5.5　5.6

在观看和学习小视频的内容后，请结合本书中的文本内容，如实填写您的学习心得和工作思路。

我的学习心得：

1.________________

2.________________

3.________________

我的工作思路：

1.________________

2.________________

3.________________

第6章

餐厅绿色低碳服务

阅读指引

对餐厅来说，低碳餐饮的实质是从原料采购、设施配备、菜品制作的各个环节实行全过程低碳化，从餐饮产品和服务生产的源头减少能源消费，降低碳排放量。

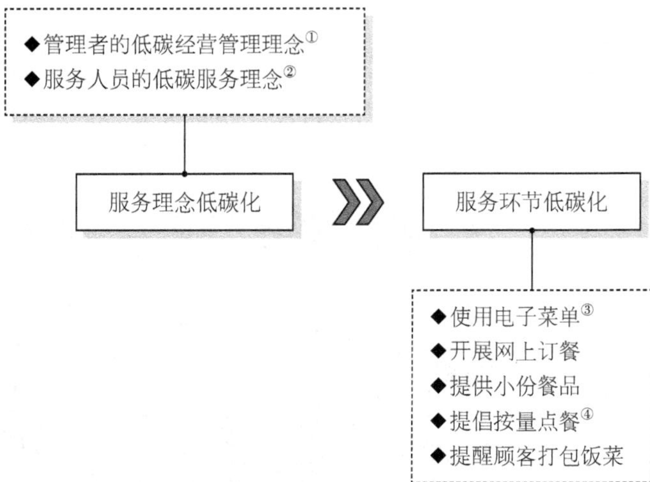

注：

①餐厅管理者要摒弃以往“粗放型”经营方式，积极将低碳餐饮理念贯彻在餐厅的各个日常管理环节之中，通过制定低碳控制程序、办法，有效实现对低碳经营的监管和监控。

②餐厅服务人员作为直接为顾客服务的一线员工，在餐厅实施低碳经营的过程中起着十分重要的作用，他们的言谈举止往往代表着餐厅的形象，对引导顾客的消费会产生重要的影响。

③餐厅可以实时往电子菜单上传新菜和优惠套餐以及更改菜价，这能避免因为加印、重新制作菜单所造成的浪费和损失。

④餐厅可实行“N-1”点餐提醒服务，如果一桌有10位顾客，服务员可以建议先点9人份的菜，不够再加。

6.1 服务理念低碳化

随着低碳经济、绿色经济时代的来临，餐饮企业也要具备低碳意识，从现在开始就要重视低碳环保。

6.1.1 管理者的低碳经营管理理念

餐厅管理者的低碳经营管理理念的强弱决定了餐厅的低碳化程度的高低。

1. 观念的转变

餐厅管理者要转变观念，要深刻认识并理解节能减排不仅能凸显企业的社会责任，而且能降低经营成本，大幅提升企业的盈利能力。

2. 积极宣传与沟通

餐厅管理者要积极开展有效的宣传和沟通活动，具体措施如图 6-1 所示。

- 措施一：在企业管理理念的整体设计中注入低碳元素，制定有效的成本管理体系、评价体系、服务体系和考核体系
- 措施二：加强有关服务项目标准规范的研究，进一步改善服务理念
- 措施三：探索实现饮食绿色化、卫生环保化、服务理性化的方法，以实现满足消费者个性需求和提升餐厅经营业绩的双重目标

图 6-1　积极宣传与沟通的措施

3. 打造低碳后厨

如今餐饮市场竞争的日益激烈体现在菜品、环境、服务等方面，其中厨房的高效率运转是竞争核心。如今餐厅的厨房正在经历一场“低碳革命”，提高工作效率，减少浪费和污染，节能减排，提升菜品质量，打造绿色、健康、营养的菜品，已经成为餐饮企业追求的目标。

（1）节约后厨原料

对餐厅来说，后厨的低碳化地利用原料是关键。因为后厨每天都在使用大量原料，一旦不低碳化地利用原料，就会造成大量浪费。对此，餐厅可以鼓励厨师和服务员节约原料，将节约下来的资金作为服务员的伙食费。这样既不会给餐厅增添新的负担，又能让员工获益。

比如，××餐厅鼓励员工将低碳理念渗透进企业的每项经营细节中、每个餐厅的角落里。餐厅除了在自己的内刊上鼓励员工提出各种有关低碳的好点子之外，还经常开小组会，让员工献言献策。餐厅对员工的低碳行为进行奖励大大增强了员工的低碳意识。

（2）使用节能灶具

在厨房里，产生能量最多、使用最频繁的就是燃气灶具，它是否节能、环保直接决定着厨房是不是低碳厨房。对此，餐厅可结合自己的厨房特性，适时对厨房的燃气灶具进行改造，打造真正节能、低碳的厨房。

比如，××餐厅使用的节能燃气灶可以避免空烧，减少浪费，只要锅离开炉灶，炉灶的火就会自动熄灭，锅放上去又会自动起火，即“锅离火熄，锅到火起”。经过核算，节能燃气灶可以节约20%的燃气。节能燃气灶的聚燃燃烧技术优势除了表现在供气喷嘴上之外，还有对火力的托盘式加热。托盘式加热使热量有效地作用到锅底，这样可以减少热量损耗，降低二氧化碳排放量，真正做到低碳节能。

（3）实行垃圾分类

垃圾分类就是从源头将垃圾分类投放，并通过分类清运和回收使之重新变成资源。垃圾分类一方面可以把有毒有害的物质进行特殊处理，防止垃圾污染环境，另一方面还可以回收利用和提取有用资源并予以循环使用。

4. 提供本地的、应季的食物

餐厅最好选用当地的食材，因为这可以间接减少运输能耗，减少碳排放量，而且经过长途运输的食材营养成分会流失，不及本地食材的营养价值高。

除了选择本地食材之外，餐厅还应向顾客提倡吃应季食物。应季果蔬在正常节令产出，能得到足够的阳光和热量，含有丰富的营养成分。而非应季蔬果多以大棚栽培为主，难以达到最佳品质，叶绿素、维生素C、矿物质等含量偏低，特别是抗氧化物质等成分会大大减少。同时，非应季的水果在生产过程中也会消耗更多的能源，给环境带来更大负担。

6.1.2　服务人员的低碳服务理念

餐厅服务人员作为直接为顾客提供服务的一线员工，在餐厅实施低碳经营的过程中起着十分重要的作用，他们的言谈举止往往代表着餐厅的形象，对引导顾客的消费至关重要。

1. 向顾客传递低碳消费理念

服务人员在服务过程中应有效地向顾客传递低碳消费理念。

比如，餐厅正逐步减少使用一次性餐具，使用消毒柜来对餐具进行消毒，这样可以让顾客放心使用。

2. 加强服务人员的培训力度

餐饮行业作为传统的劳动密集型行业，服务人员的流动性比较大，餐厅应该做好对新上岗员工的培训工作，强化他们的低碳消费意识，从而使餐厅的低碳经营管理落到实处，使低碳消费得以全方位、持续性地实现。

6.2 服务环节低碳化

服务是餐厅直接面向消费者的环节。餐厅只有实施低碳餐饮营销和提供低碳餐饮服务才能真正将低碳餐饮落实到位。餐厅应推行绿色低碳服务，引导顾客合理点餐，提倡“光盘行动”，通过营造低碳用餐环境、宣传低碳饮食文化，倡导科学、理性的餐饮消费观。

6.2.1 使用电子菜单

对消费者来说，只要触摸电子屏上图文并茂的菜谱，就可以自助点菜并直接算出消费金额，这有利于合理适量点菜。而对餐厅来说，可以实时往电子菜单里上传新菜、优惠套餐和更改菜价，免去了加印、重新制作菜单所造成的浪费和损失。

6.2.2 开展网上订餐

餐厅开展网上订餐可以减少顾客等候和占用餐位的时间，提高餐厅资源利用率，便于餐厅对烹饪和服务进行统筹安排等。

6.2.3 提供小份餐品

随着《中华人民共和国反食品浪费法》的实施和“光盘行动”的持续推进，节约粮食、杜绝浪费的理念正逐步深入人心。餐厅可推出“分量定制餐”，为顾客提供小份餐品。

比如，一家四口想点一份红烧肉，但一份里有13块肉，现在分量定制，按四个人摄入量一盘只提供6块肉，这样既不浪费食物，也为顾客省钱。

为减少食物浪费，有条件的餐厅可以邀请专业营养师根据膳食结构，按照每人的科学摄入量，对餐厅销售的菜品进行标准量化，精确到克，根据用餐人数提供对应分量。

6.2.4 提倡按量点餐

餐厅可实行“N-1”点餐提醒服务，如果一桌有10位顾客，服务员可以建议适当减少点菜量，点9人份的菜，不够再加。

比如，国庆假期，顾客曲女士带家人到餐厅就餐，在手机上选了5道菜后正准备再点一道时，服务员笑着提醒：“女士，您点的土鸡煲分量挺足的，6个人，5道菜，应该够吃了。我们店有‘光盘奖’，如果将所有菜品都吃完的话可以兑奖哦！”曲女士一听，觉得很有趣，采纳了建议，一家人顺利“光盘”。

6.2.5 提醒饭菜打包

勤俭节约是我国的传统美德，我们经常看到三五个人去餐厅吃饭，却点十多道菜，吃完了也不打包带走，有些菜几乎连动都没有动。

餐厅对顾客点了很多菜，却吃不了的情况可以采用以下对策。

1. 自然大方地为顾客提供打包服务

当顾客提出要将剩下的饭菜打包时，服务员要及时回应，并自然地帮助顾客将饭菜打包，态度要真诚，不能说“我们没有这项服务”，或用异样的眼神让顾客感觉难堪。

除此之外，服务员也可以提醒顾客哪些食品需要尽快吃完，哪些食品可以短时间存放，这样细心的提醒往往也会赢得顾客的好感。

2. 在餐厅醒目位置粘贴提示语

餐厅可以在醒目位置粘贴一些提示语，如“剩菜打包，拒绝浪费”或“请勿浪费，否则加收管理费”等。顾客看到这些提示语后，在点餐时也就会注意避免点很多自己吃不完的食物，这样可以在一定程度上减少浪费现象。

3. 对顾客进行适当奖励

有不少餐厅都会对不浪费的顾客进行适当奖励，这也是个好办法，可以促使顾客将自己餐桌上的饭菜吃干净，并将剩菜打包。

比如，有一个餐厅就向顾客承诺，没有浪费食物的顾客都可以在用餐结束后参加抽奖，奖品有钥匙扣、手提袋、手机链等非常实用的小礼品，自从这项活动开展之后，这家餐厅里就很少出现浪费食物的现象。

扫码听课

通过学习本章内容，想必您已经了解和掌握了不少相关知识，为了加固对本章的理解，以便在今后工作中学以致用，我们特意录制了相关的小视频，读者可以扫描下面的二维码进行观看和学习。

6.1　　6.2

在观看和学习小视频的内容后，请结合本书中的文本内容，如实填写您的学习心得和工作思路。

我的学习心得：

1.____

2.____

3.____

我的工作思路：

1.____

2.____

3.____